똑똑한
초등 독해 7권

토픽으로 잡는

독해력은 새로운 정보와 지식을 받아들이는 도구로서 학습 능력을 좌우하는 중요한 능력이에요. 단순히 글자를 읽는 것이 아니라 글에 담긴 글쓴이의 의도를 파악하고, 글을 통해 알게 된 내용을 생활에 활용하는 능력까지 포함해요. 독해력의 바탕은 세 가지예요. 첫째, 어휘력이에요. 어휘는 글의 기본 요소로, 어휘의 뜻을 모르면 글의 내용을 알 수 없어요. 따라서 어휘를 많이 알수록 독해력이 좋아져요. 둘째, 배경지식이에요. 배경지식이 풍부하면 글에 숨겨진 의도와 생각을 짐작할 수 있어, 글을 더 재미있고 효과적으로 읽을 수 있어요. 셋째, 글의 종류에 적합한 읽기 방법이에요. 글의 갈래에 따라 주제를 찾는 방법도 다르기 때문에 갈래마다 알맞은 읽기 방법을 알아야 해요. 「토픽으로 잡는 똑똑한 초등 독해」는 어휘, 배경지식, 갈래에 따른 읽기 방법을 익힐 수 있도록 구성했어요.

이 책의 특징

1 읽고, 이해하고, 알아 가는 즐거움이 있는 새로운 독해 프로그램!

낱낱의 주제를 가진 지문을 읽고 문제를 푸는 방식에서 벗어나 하나의 토픽을 중심으로 다양한 영역의 지문을 담았습니다. 토픽을 다양한 관점에서 살펴보고, 탐색하는 과정에서 읽고, 이해하고, 알아 가는 즐거움을 느낄 수 있어요.

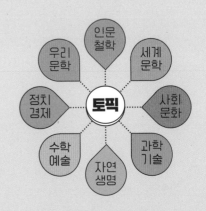

2 호기심을 자극하는 토픽으로 교과를 넘어 교양까지!

국어, 수학, 사회, 과학 등의 교과와 추천 도서에서 뽑은 인문, 철학, 사회, 문화, 자연, 과학, 수학, 예술 등 여러 영역을 아우르는 토픽을 통해 교과 지식은 물론 폭넓은 교양을 쌓을 수 있어요.

함께 공부할 친구들

하트
자연을 사랑하고
마음이 따뜻한 다정이

뉴뉴
신기하고 새로운 것을
좋아하는 호기심쟁이

스타
세상에서 음악과 친구가
제일 좋은 열정쟁이

부키
항상 책을 끼고 다니며,
정보를 모으는 수집가

드림
세상의 모든 아름다움을
마음에 담고 싶은 예술쟁이

 꼬리에 꼬리를 물고 이어지는 글을 읽으며 독해력, 사고력, 표현력을 한 번에!

꼬리 물기 질문을 통해 독해 포인트를 알고 효과적으로 글을 읽을 수 있어요. 또 토픽에 대한 생각을 글로 표현하며 독해력과 사고력, 표현력을 키울 수 있어요.

 글의 종류에 알맞은 핵심 질문을 통해 어떤 글도 자신 있게!

신화, 고전, 명작 등의 문학 글과 설명문, 논설문, 편지, 일기 등의 비문학 글까지 다양한 형식의 글을 접하고 읽는 즐거움을 경험해요. 여러 형식의 문제를 풀며 어떤 글이든 읽어 내는 자신감을 키워요.

 독해력의 기초인 어휘력을 탄탄하게!

한자어, 합성어, 파생어, 유의어, 반의어, 상·하의어처럼 어휘 관계를 통해 어휘를 익히고, 관용 표현, 맞춤법도 배워요.

이렇게 공부해요!

1단계 흥미로운 토픽으로 생각의 문을 열다!

토픽에 관련한 다양한 질문을 읽으며 배경지식을 활성화하고, 학습 계획을 세워요!

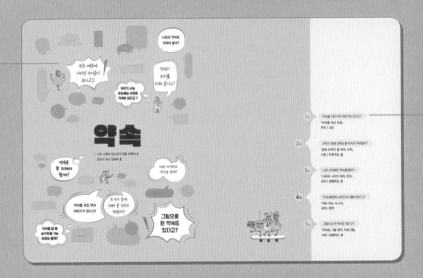

질문을 읽으며 토픽에 대해
알고 있는 것을 떠올려 봐!
아는 것을 많이 떠올릴수록
글을 더 잘 읽을 수 있어!

날마다 읽게 될 글의
갈래와 제목을 살펴보며
공부 계획을 세워 봐!

2단계 질문에 대한 답을 찾으며 생각을 키우다!

읽기 목표에 따라 글을 읽고, 질문을 통해 갈래에 알맞은 읽기 방법을 배워요!

글에서 꼭 살펴야
할 내용이 무엇인지
먼저 보고, 읽기의
목표를 세워 봐!

뜻풀이를 보며 어휘를
맞혀 봐! 초성을 보면
쉽게 답을 찾을 수 있어!

글의 갈래에 따라 꼭
알아야 할 것을 묻는
문제야. 질문에 대한
답을 찾으며 독해력을
키워 봐!

곳곳에 도움을 주는
친구가 있어! 친구가
하는 말을 읽으면 문제가
술술 풀릴 거야!

글의 중심 내용이 무엇인지
생각하며 차근차근 글을 읽어 봐!

3 단계 다양한 어휘 활동과 토픽 한 줄 정리로 생각을 넓히다!

독해력의 기초인 어휘력을 탄탄히 다지고, 내 생각을 글로 표현해요!

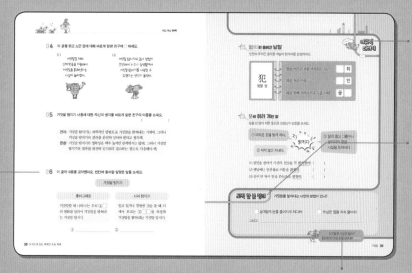

어휘력을 키우는 다양한 활동이 있어. 힌트를 보며 문제를 풀고, 어휘와 뜻을 큰 소리로 읽어 봐!

토픽에 관한 네 생각을 써 봐! 날마다 생각을 쓰는 연습을 하면 표현력도 쑥쑥 자랄 거야!

마지막 문제는 글의 내용을 정리하는 요약하기야. 빈칸을 채워 글을 완성하고, 큰 소리로 읽어 봐! 글의 내용을 기억하는 데 도움이 될 거야!

다음에 이어질 글의 내용을 짐작해 봐! 그리고 내가 짐작한 내용과 실제 글의 내용을 비교해 봐!

4 단계 스스로 학습을 점검하며 생각을 다지다!

내가 알고 있는 것과 모르는 것을 구분하는 메타 인지를 훈련해요!

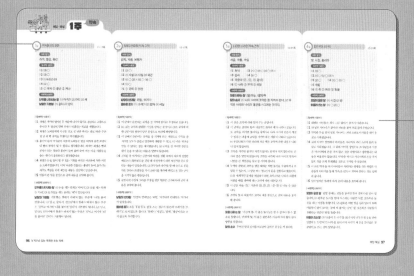

내가 쓴 답과 정답을 비교해 봐!

문제에 대한 자세한 풀이가 있어. 내가 제대로 풀지 못한 문제는 무엇이고, 답이 왜 틀렸는지 생각해 봐!

|차례|

3주
말

4주
물과 불

친구가 많아야 좋을까?

친구와 사이가 안 좋아졌다면?

좋은 친구란 어떤 친구일까?

우정

| 친구끼리 서로 아끼고 위하는 마음.

스마트폰만 있으면 친구를 사귈 수 있다고?

친구와 우정을 어떻게 쌓을까?

성격이 달라도 친구가 될 수 있을까?

우정을 상징하는 고사성어가 있다고?

친구는 왜 좋을까?

어린 왕자

어린 왕자는 친구를 만나고 싶었어요. 그래서 걷고 또 걷다가 우연히 여우를 만났어요.

"안녕! 넌 누구니?"

"난 여우라고 해."

"나랑 같이 놀지 않을래? 난 지금 쓸쓸해."

"나는 너랑 같이 놀 수 없어. 우리는 서로 길들여지지 않았거든."

여우의 말에 어린 왕자는 고개를 갸우뚱했어요.

"길들인다는 게 무슨 말이야?"

"시간을 같이 보내며 특별한 사이가 되는 거야. 그러면 너는 나에게 세상에 하나뿐인 소중한 사람이 되고, 나는 네게 아주 소중한 여우가 되는 거지."

"아, 무슨 뜻인지 알겠어!"

어린 왕자의 눈이 반짝 빛났어요.

"저 밀밭을 봐. 네 머리 빛깔처럼 노랗지? 네가 나를 길들인다면 난 황금빛 밀밭을 볼 때마다 네 생각을 하게 될 거야. 좋아, 우리 서로를 길들이자."

"어떻게 길들이는데?"

어린 왕자의 질문에 여우가 대답했어요.

"참을성이 필요해. 매일 조금씩 서로에게 다가가야 하거든."

다음 날, 어린 왕자는 여우를 만나러 갔어요.

"매일 같은 시간에 오면 좋겠어. 네가 오는 시간이 가까워질수록 나는 점점   ㉠   테니까. 네가 아무 때나 오면 나는 마음의 준비를 할 수 없잖아."

어린 왕자와 여우는 그렇게 서로를 길들였어요. 하지만 시간이 흘러 어린 왕자는 떠나야 했어요. 여우는 슬퍼하면서 말했어요.

㉡"눈물이 날 것 같지만 괜찮아. 황금빛 밀밭을 보면서 널 떠올리면 되니까. 우리가 친구가 되어 보낸 시간을 소중히 간직할게. 소중한 것은 마음으로 보아야 잘 볼 수 있어."

어린 왕자는 여우가 해 준 말을 소중히 되뇌며 길을 떠났어요.

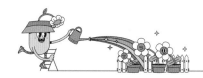

어휘 알기 색칠한 낱말과 초성을 보고 뜻풀이에 알맞은 낱말을 ___에 쓰세요.

ㄷ ㄴ ㄷ   같은 말을 되풀이하여 말하다.

_____

ㅆ ㅆ ㅎ ㄷ   외롭고 슬프다.

_____

ㄱ ㄷ ㅇ ㄷ   어떤 일에 익숙하게 하다.

_____

독해력 기르기

01 어린 왕자가 길을 걷다가 누구를 만났는지 빈칸에 이름을 쓰세요.

☐ ☐

02 여우가 말한 '길들인다'의 뜻으로 알맞은 것에 모두 ○ 하세요.

(1) 자신의 지혜를 나누어 주는 것   (   )

(2) 서로가 서로에게 소중한 사이가 되는 것   (   )

(3) 시간을 함께 보내며 특별한 사이가 되는 것 (   )

03 ㉠에 들어갈 말로 알맞은 것은 무엇인가요? (   )

① 지루해질   ② 부러워질   ③ 행복해질

④ 귀찮아질   ⑤ 불쌍해질

04 여우가 어린 왕자와 헤어지면서 ⓒ과 같이 말한 까닭은 무엇인가요? (　　　　)

① 어린 왕자를 따라가려고 마음먹었기 때문에

② 어린 왕자를 친구라고 생각하지 않았기 때문에

③ 다른 친구를 만나서 서로 길들이면 되기 때문에

④ 어린 왕자가 자신을 떠난다고 해서 섭섭했기 때문에

⑤ 친구가 되어 함께 보낸 시간을 마음에 소중히 간직했기 때문에

05 이 글을 읽고 생각하거나 느낀 점을 바르게 말한 친구에 ○ 하세요.

(1) 길들인다는 것은 결국 우정을 쌓는다는 말이야. 친구와 함께 시간을 보내며 서로에게 소중한 사람이 되어 가는 거지.

(2) 친구와 내가 서로 길들이려면 항상 같이 다니며 모든 것을 함께해야 해. 공부할 때도, 놀 때도 꼭 옆에 있어야 해.

06 이 글의 내용을 요약했어요. 빈칸에 들어갈 알맞은 말을 쓰세요.

①◻◻◻◻는 우연히 여우를 만났다. 여우는 어린 왕자에게 '길들인다'는 것은 특별한 사이가 되는 것이라며 서로 길들이자고 했다. 둘은 시간을 함께 보내며 ②◻◻가 되었으나 어린 왕자는 다시 떠나야 했다. ③◻◻는 친구가 되어 함께 보낸 시간은 눈에 보이지 않아도 소중한 것이라며 어린 왕자에게 작별 인사를 했다.

① ＿＿＿＿＿＿＿　　② ＿＿＿＿＿＿＿　　③ ＿＿＿＿＿＿＿

📖 성질을 바꾸는 말

빈칸에 알맞은 말을 쓰세요.

생각 + -하다 → ☐☐☐☐

간직 + -하다 → ☐☐☐☐

대답 + -하다 → ☐☐☐☐

어떤 낱말에 '-하다'가 붙으면 움직임을 나타내는 말로 바뀌어. '말'에 '-하다'가 붙으면 '말하다'로 바뀌는 거지.

📖 모양이 같은 말

밑줄 친 낱말의 뜻을 찾아 선으로 이으세요.

(1) 동생은 모르겠다는 듯이 고개를 갸우뚱했다. •

• (개) 목과 머리를 함께 이르는 말.

(2) 우리 가족은 가파른 고개를 넘어갔다. •

• (내) 산이나 언덕을 넘어 다니도록 길이 나 있는 곳.

토픽 한 줄 정리 친구가 된다는 것은 무엇일까?

☐ 서로 닮아 가는 것   ☐ 함께 행복해지는 것   ☐ ＿＿＿＿＿＿＿＿

왜냐하면 ＿＿＿＿＿＿＿＿＿＿＿＿＿＿＿＿＿＿＿＿＿＿＿＿＿＿＿

친구에 관한 영화가 있어. 어떤 내용인지 궁금하면 다음 장을 넘겨 봐! >>>>>

우정을 어떻게 지킬까?

영화 〈우리들〉을 보고

학교 선생님의 추천으로 영화 〈우리들〉을 보게 되었다. 내 또래의 아이들이 주인공인데, 친구들과의 사귐과 다툼, 화해 등의 사건을 중심으로 이야기가 펼쳐진다.

가 〈우리들〉의 주인공은 '선'과 '지아'이다. 선은 학교에서 보라 무리에게 왕따를 당하고 있었는데 전학 온 지아와 여름 방학 동안 친한 사이가 된다. 하지만 지아가 보라와 가까워지며 선을 멀리하고, 선과 지아는 서로 오해가 쌓여 크게 싸운다. 어느 날 선은 지아가 예전의 자신처럼 보라 무리에게 왕따당하는 모습을 본다. 선은 지아의 편을 들어 주고, 둘은 어색하지만 부드러워진 눈길을 주고받으며 영화는 끝이 난다.

나 〈우리들〉에서 가장 기억에 남았던 장면은 영화가 끝날 무렵 선이 동생과 대화하는 장면이다. 동생이 친구에게 계속 맞고 오자, 선은 맞지만 말고 같이 때려 주라고 한다. 그러자 동생은 "서로 때리고 때리면 대체 언제 놀아?"라고 질문한다. 선은 동생의 말을 듣고 지아를 계속 미워하면 결코 싸움이 끝나지 않을 거라고 생각한 듯하다. 마지막 장면에서 선이 왕따당하는 지아를 도와준 것을 보면 알 수 있다.

다 어린이에게 친구란 참 소중하다. 하지만 친구를 사귀는 일에 서툴러서 친구 사이에 갈등이 생겼을 때 어떻게 해야 할지 잘 모른다. 영화 〈우리들〉은 우정을 지키기 위해서는 '용기'가 필요하다는 해답을 주었다. 친구에게 먼저 손을 내밀 용기가 있다면 친구와 다툼이 생기더라도 값진 우정을 키워 나갈 수 있지 않을까?

어휘 알기 색칠한 낱말과 초성을 보고 뜻풀이에 알맞은 낱말을 ___ 에 쓰세요.

| ㄸ | ㄹ | 나이나 수준이 서로 비슷한 무리. | _____ |

| ㄱ | ㄷ | 마음이나 의견이 맞지 않아 서로 부딪치고 맞서는 것. | _____ |

| ㅈ | ㅇ | ㄱ | 연극, 영화, 소설 등에서 사건의 중심이 되는 인물. | _____ |

독해력 기르기

01 이 글에 대해 바르게 말한 친구에 ○ 하세요.

(1) 영화를 보고 나서 느낀 점이나 생각을 자유롭게 쓴 글이야.

(2) 사람들에게 영화의 볼 만한 점을 알리는 광고 글이야.

02 이 글의 내용으로 알맞지 <u>않은</u> 것은 무엇인가요? (   )

① 〈우리들〉의 주인공인 선은 친구들에게 왕따를 당했다.

② 글쓴이는 학교 선생님의 추천으로 〈우리들〉을 보게 되었다.

③ 〈우리들〉에는 친구들끼리 친해지고, 다투고, 화해하는 내용이 담겨 있다.

④ 〈우리들〉에 나오는 인물들은 공부하면서 느끼는 스트레스로 괴로워한다.

⑤ 글쓴이는 주인공 선과 동생의 대화 장면을 가장 기억에 남는 장면으로 꼽았다.

03 가~다 문단의 중심 내용을 찾아 알맞게 선으로 이으세요.

(1) 가 문단 •

(2) 나 문단 •

(3) 다 문단 •

• (가) 〈우리들〉에서 기억에 남는 장면

• (나) 〈우리들〉의 줄거리

• (다) 〈우리들〉을 보고 난 뒤의 느낀 점

04 글쓴이가 영화를 본 뒤에 한 생각으로 알맞은 것에 ○ 하세요.

(1) 나를 싫어하는 친구에게 잘해 줄 필요 없다.   (   )

(2) 왕따를 시키는 친구들은 선생님께 혼나야 한다.   (   )

(3) 친구와 다투더라도 먼저 손 내밀 용기가 있다면 우정을 지킬 수 있다. (   )

05 이 글의 내용을 요약했어요. 빈칸에 들어갈 알맞은 말을 쓰세요.

영화의 줄거리	〈우리들〉의 주인공 '선'과 '지아'는 처음 만나 친해지게 되지만 곧 멀어진다. 그 과정에서 둘은 큰 싸움까지 벌이지만, 지아가 다른 친구들에게 ①☐☐를 당하자, 선이 지아의 편을 들어 준다.
영화에서 기억에 남는 장면	기억에 남는 장면은 선과 ②☐☐의 대화 장면이다. 선은 동생과 대화하며 지아를 계속 미워하면 싸움이 끝없이 반복될 거라는 깨달음을 얻는다.
영화를 보고 느낀 점	친구와 다투더라도 먼저 손 내밀 ③☐☐를 가져야겠다.

① _____   ② _____   ③ _____

📖 뜻이 비슷한 말

밑줄 친 말과 뜻이 비슷한 낱말을 찾아 ✓ 하세요.

선과 지아는 큰 <u>싸움</u>을 벌였다.
☐ 다툼 ☐ 미움

뜻 싸우는 일.

선은 친구들에게 <u>왕따</u>를 당했다.
☐ 창피 ☐ 따돌림

뜻 따돌리는 일.

선과 지아는 <u>친구</u>가 되었다.
☐ 벗 ☐ 가족

뜻 친하게 사귀는 사람.

선생님의 <u>추천</u>으로 영화를 보았다.
☐ 명령 ☐ 소개

뜻 어떤 조건에 알맞은 것을 책임지고 소개함.

📖 어울려 쓰는 말

문장이 알맞으면 ◉, 알맞지 않으면 ☒에 ○ 하세요.

(1) 나는 <u>결코</u> 거짓말을 해 봤어. ◉ ☒
(2) 우정을 지키는 일은 <u>결코</u> 쉬운 일이 아니야. ◉ ☒
(3) 열심히 일하지 않으면 <u>결코</u> 성공할 수 없어. ◉ ☒
(4) 계속 미워하면 <u>결코</u> 싸움이 끝나지 않을 거야. ◉ ☒

'결코'는 '아니다', '않다', '없다'와 같이 부정을 뜻하는 말과 함께 써야 해.

토픽 한 줄 정리   좋은 친구 사이를 위해 어떤 노력을 하면 좋을까? 모두 골라 봐!

☐ 서로 고운 말 쓰기   ☐ 놀리지 않기   ☐ 칭찬 자주 하기
☐ 맛있는 것 나눠 먹기   ☐ 비밀 지키기   ☐ 말 잘 들어 주기
☐ 함께 놀 때 양보하기   ☐ 친구 흉보지 않기 ☐ 거짓말하지 않기

진정한 우정으로 복을 받은 친구들이 있대.
궁금하면 다음 장을 넘겨 봐! >>>>>

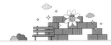
복을 받은 두 친구

옛날에 길 서방이란 사람이 살았는데 매우 가난했어. 아버지 제삿날이 다가왔지만 쌀독은 텅텅 비었지. 그래서 친구인 배 서방을 찾아갔어.

"미안하네만 아버지 제사상을 차릴 돈이 없는데, 돈 좀 꾸어 줄 수 있겠나?"

"나도 돈 한 푼 없네만 마침 우리 소가 송아지를 낳았으니 그거라도 팔아서 쓰게."

길 서방은 송아지를 끌고 장에 갔어. 값도 후하게 받았지. 기분 좋게 집으로 가고 있는데, 도둑이 앞을 가로막고 돈을 내놓으라 하네.

"아버지 제사를 지내려고 친구에게 빌린 돈이오. 제발 반만 가져가면 안 되겠소?"

길 서방은 도둑에게 사정했지만 도둑은 돈을 다 내놓으라고 윽박질렀어. 둘이 큰 소리로 다투니 지나가던 포졸이 왜 그러냐고 물어. 그런데 길 서방이 뜻밖의 말을 하네.

"이 친구가 아버지 제사에 쓰라고 송아지를 내줘 팔았는데, 제사를 지내고도 돈이 남았지 뭐요. 그래 돌려주려니 안 받겠다고 하지 않겠소. 그래서 다툼이 났던 것이오."

길 서방이 둘러대니 포졸이 고개를 끄덕이며 돌아가. 그러자 ㉠도둑은 미안하고 고마운 마음이 들어 용서를 구했어. 사실, 이 도둑은 부잣집 손자인데 말썽을 하도 피워 할아버지가 돈을 안 줬대. 그래 도둑질까지 하게 된 거지. 도둑은 집으로 돌아가 할아버지께 잘못을 빌고, 길 서방 이야기도 했어. 할아버지는 곧장 길 서방을 찾아갔지.

"이 땅문서를 받으시오. 손자를 정신 차리게 해 주어 고맙소."

길 서방이 고개를 절레절레 저으며 손사래를 쳤지만, 할아버지는 억지로 땅문서를 주고 갔어. 길 서방은 배 서방한테 부랴부랴 가서 도둑과의 일을 말해 주었어.

"송아지 때문에 얻은 것이니, 이 땅문서는 자네 것이네."

하지만 배 서방은 받으려 하지 않았어. 두 사람은 밤새 땅문서를 받네 못 받네 하며 실랑이를 벌였어. 한참이 지나도 끝나질 않자 문밖에 있던 배 서방 부인이 말했어.

"두 분이 똑같이 나누어 가지면 되겠네요."

그래 길 서방과 배 서방은 땅을 똑같이 반씩 나누어 사이좋게 잘살았대.

어휘 알기 색칠한 낱말과 초성을 보고 뜻풀이에 알맞은 낱말을 ___ 에 쓰세요.

| ㅍ | ㅈ | 조선 시대 포도청에 딸린 군사. | _____ |

| ㅈ | ㅅ | 음식을 차려 놓고 신이나 죽은 조상에게 절을 하며 받드는 것. | _____ |

| ㅅ | ㅅ | ㄹ | 어떤 것을 인정하지 않거나 거절할 때 손을 펴서 휘젓는 일. | _____ |

독해력 기르기

01 길 서방이 배 서방에게 돈을 꾼 까닭이 무엇인지 알맞은 것에 ○ 하세요.

(1)
아버지의 제삿날 입을
옷을 사야 하는데
돈이 없어서

(2)
아버지의 제삿날이 다가와
제사상을 차려야 하는데
돈이 없어서

02 배 서방이 길 서방에게 돈 대신 내어 준 것은 무엇인지 빈칸에 쓰세요.

| | | |

03 도둑이 길 서방에게 ㉠과 같이 행동한 까닭은 무엇인가요? (   )

① 송아지를 판 돈을 자신에게 모두 주어서

② 길 서방과 배 서방의 우정에 감동을 받아서

③ 할아버지에게 찾아가 자신의 잘못을 함께 빌어 주어서

④ 할아버지에게 받은 땅문서를 함께 나누어 갖자고 해서

⑤ 포졸에게 자신이 도둑질을 하려고 했다는 것을 말하지 않아서

04 길 서방과 배 서방의 우정을 알 수 있는 행동을 모두 고르세요. (,   )

① 길 서방은 돈이 없을 때마다 배 서방에게 돈을 빌렸다.

② 배 서방은 가난한 길 서방을 도와주기 위해 전 재산을 팔았다.

③ 길 서방은 할아버지에게 받은 땅문서를 배 서방에게 주려고 했다.

④ 길 서방은 송아지를 판 돈을 차마 쓸 수 없어 배 서방에게 모두 주었다.

⑤ 배 서방 자신도 돈 한 푼 없지만 길 서방에게 송아지를 선뜻 내어 주었다.

05 이 글을 읽고 감상을 바르게 말한 친구의 이름을 쓰세요. (   )

> **소민:** 진정한 친구는 자신의 이익을 먼저 생각하지 않는다는 것을 깨달았어.
> 두 사람을 보면서 참된 우정이 무엇인지 생각하게 되었어.
> **예리:** 땅문서를 가지라며 밤새 실랑이를 벌이던 두 사람을 보면서 참 어리석
> 다는 생각이 들었어.

06 이 글의 내용을 요약했어요. 빈칸에 들어갈 알맞은 말을 쓰세요.

> 길 서방은 제사상을 차릴 ①◻을 꾸러 배 서방을 찾아갔다. 배 서방은 돈
> 대신 송아지를 내어 주었다.

↓

> 길 서방이 송아지를 팔고 돌아가다가 ②◻◻을 만나 돈을 빼앗길 뻔했다.
> 다행히 포졸을 만났지만 길 서방은 도둑 편을 들어 주었다.

↓

> 부잣집 손자였던 도둑은 잘못을 깨닫고 할아버지게 길 서방 이야기를 전했다.
> 할아버지는 길 서방에게 고마움을 느끼고, ③◻◻◻를 줬다.

↓

> 길 서방과 배 서방은 땅을 똑같이 반씩 나누어 사이좋게 잘살았다.

① _____   ② _____   ③ _____

 흉내 내는 말

빈 곳에 들어갈 흉내 내는 말을 찾아 선으로 이으세요.

(1)
쌀독이 _____ 비다.

(2)
고개를 _____ 흔들다.

(3)
_____ 뛰어가다.

• (개)
부라부라
매우 급하게
서두르는 모양.

• (내)
절레절레
머리를 옆으로
자꾸 흔드는 모양.

텅텅
속이 비어 아무것도
없는 모양.

 **올바른 띄어쓰기**

밑줄 친 부분을 바르게 띄어 빈칸에 쓰세요.

돈이 <u>한푼</u>도 없다. ➡

돈	이				도		없	다	.

'푼'은 예전에 엽전을
세던 단위야. '푼'처럼
단위를 나타내는 말은
앞말과 띄어 써야 해.

토픽 한 줄 정리 진정한 친구란 어떤 친구일까?

☐ 힘들 때 도와주는 친구   ☐ 좋은 일이 있을 때 기뻐해 주는 친구

그리고 _____

 우정을 뜻하는 말을 알고 있니?
궁금하면 다음 장을 넘겨 봐! >>>>>

인문   설명하는 글

나를 알아주는 진짜 친구

옛날 중국에 두터운 우정으로 많은 사람에게 감동을 준 친구들이 있어요. 이들의 우정은 고사성어로도 만들어져 사람들에게 전해질 정도였지요.

'관포지교'는 '관중'과 '포숙아'라는 두 친구의 이야기에서 유래했어요. 두 사람은 절친한 친구였지만 서로 다른 왕자를 섬기면서 자연스럽게 적이 되었어요. 어느 날, 관중이 포숙아가 섬기던 왕자에게 잡혀 사형을 당할 위기에 처했어요. 그때 포숙아는 관중이 반드시 훌륭한 일을 할 사람이니 신하로 삼아 달라고 왕자에게 부탁했어요. 왕자는 포숙아를 믿고 관중에게 높은 벼슬을 내렸어요. 포숙아가 세상을 떠나자 관중은 부모님이 자신을 낳아 주었으나 자신을 진정으로 알아준 사람은 포숙아였다며 한없이 슬퍼했어요. '관포지교'는 '관중과 포숙아의 사귐'이라는 말로, 변하지 않는 참된 우정을 뜻해요.

'백아절현'은 '백아'와 '종자기'라는 두 친구의 이야기에서 유래했어요. 백아는 거문고를 잘 타기로 매우 유명했어요. 백아는 자신의 음악을 진정으로 이해해 주는 사람은 종자기밖에 없다며 ㉠종자기를 매우 소중하게 여겼어요. 그런데 종자기가 갑자기 병으로 죽고 말았어요. 그러자 백아는 애지중지 아끼던 거문고의 줄을 끊고, 다시는 거문고를 연주하지 않았어요. '백아절현'은 '백

아가 거문고 줄을 끊었다.'라는 말로, 자신을 알아주는 진정한 친구의 죽음을 슬퍼한다는 뜻이에요.

나를 알아주는 친구가 있다면 평생 든든할 거예요. 친구를 사귈 때 내가 먼저 좋은 친구가 되어 주면 '관포지교'와 '백아절현'의 친구들처럼 진정한 친구를 만날 거예요.

어휘 알기 색칠한 낱말과 초성을 보고 뜻풀이에 알맞은 낱말을 ___에 쓰세요.

| ㅇ | ㄹ | 사물이나 일이 생겨남. | _____ |

| ㅇ | ㅈ | ㅈ | ㅈ | 소중히 여겨 몹시 아끼는 모양. | _____ |

| ㄱ | ㅅ | ㅅ | ㅇ | 옛이야기에서 유래한, 한자로 이루어진 말. | _____ |

독해력 기르기

01 이 글에 나온 다음 고사성어의 뜻을 찾아 각각 선으로 이으세요.

(1) 관포지교 •

(2) 백아절현 •

• (가) '백아가 거문고 줄을 끊었다.'라는 말. 자신을 알아주는 진정한 친구의 죽음을 슬퍼한다는 뜻.

• (나) '관중과 포숙아의 사귐'이라는 말. 변하지 않는 진정한 우정이라는 뜻.

02 관중과 포숙아에 대한 설명으로 알맞지 <u>않은</u> 것에 ✕ 하세요.

(1) 관중과 포숙아는 친한 친구 사이이다.   (   )

(2) 포숙아는 관중이 위험에 빠졌을 때 도움을 주었다.   (   )

(3) 관중은 부모님보다 포숙아를 더 소중하게 생각했다. (   )

03 백아가 ㉠처럼 종자기를 생각한 까닭은 무엇인지 알맞은 것에 ○ 하세요.

(1) 종자기가 자신처럼 거문고 연주를 잘한다고 생각해서   (   )

(2) 자신의 음악을 이해해 주는 사람은 종자기밖에 없다고 생각해서 (   )

04 글쓴이가 이 글을 쓴 까닭은 무엇일까요? (   )

① 중국의 역사를 소개하려고

② 고사성어가 필요한 까닭을 알려 주려고

③ 중국의 유명한 인물의 업적을 알리려고

④ 친구와 다퉜을 때 화해하는 방법을 알려 주려고

⑤ 고사성어를 통해 진정한 우정의 의미에 대해 알려 주려고

05 이 글에 나온 고사성어를 바르게 사용하지 <u>못한</u> 친구의 이름을 쓰세요.

(   )

동원: 내 짝꿍과 나는 관포지교처럼 두터운 우정을 나누고 있어.
미나: 백아절현 할 수 있는 친구를 몇 명이나 사귈 수 있을까?
기정: 나와 내 친구는 열심히 공부하기 위해 백아절현 하기로 했어.
세호: 나를 알아주는 건 너밖에 없어. 역시 넌 나의 관포지교야.

06 이 글의 내용을 요약했어요. 빈칸에 들어갈 알맞은 말을 쓰세요.

우정을 뜻하는 유명한 ① ☐☐☐☐

관포지교
'관중'과 '포숙아'라는 두 친구의 이야기에서 유래한 고사성어이다. 관중은 자신을 진정으로 알아준 포숙아에게 한없이 고마워했다. 이 말은 변하지 않는 참된 ② ☐☐을 뜻한다.

백아절현
'백아'와 '종자기'라는 두 친구의 이야기에서 유래한 고사성어이다. 백아는 자신의 음악을 이해해 주는 친구인 종자기가 죽자 다시는 거문고를 연주하지 않았다. 이 말은 진정한 ③ ☐☐의 죽음을 슬퍼한다는 뜻이다.

① _____   ② _____   ③ _____

성질을 바꾸는 말

다음 낱말을 이름을 나타내는 말로 바꾸어 빈칸에 쓰세요.

사귀다 + -ㅁ → 사귐

> 어떤 낱말의 뒤에 '-음'이나 '-ㅁ'이 붙으면 이름을 나타내는 말로 성질이 바뀌어.

웃다 + -음 → ☐☐

기쁘다 + -ㅁ → ☐☐

얼다 + -음 → ☐☐

 ### 헷갈리는 말

알맞은 말에 ○ 하세요.

두텁다		두껍다
믿음, 관계, 우정 등이 깊고 굳다.	VS	두께가 보통 정도보다 크다.

> '두텁다'는 마음이나 느낌을 나타낼 때, '두껍다'는 눈에 보이는 물체의 두께를 표현할 때 써.

(1) 국어사전이 매우 (두텁다 , 두껍다).

(2) 관중과 포숙아의 우정이 (두텁다 , 두껍다).

(3) 자녀에 대한 사랑이 깊고 (두텁다 , 두껍다).

토픽 한 줄 정리

친구에 대해 알고 있는 것을 써 봐.

☐ 좋아하는 것　☐ 싫어하는 것　☐ 잘하는 것　☐＿＿＿＿＿＿＿

내 친구는 ＿＿＿＿＿＿＿＿＿＿＿＿＿＿＿＿＿＿＿＿＿＿

 얼굴을 몰라도 친구가 될 수 있을까? 궁금하면 다음 장을 넘겨 봐! >>>>>

랜선 친구, 똑바로 알자

'랜선 친구'란 인스타그램, 페이스북 등의 누리 소통망이나 게임 등에서 사귄 친구를 말해요. 인터넷 선을 뜻하는 '랜선'과 '친구'가 합쳐진 말이에요. 랜선 친구는 인터넷에서 만나는 친구이기 때문에 좋은 점도 있지만 주의할 점도 있어요.

랜선 친구의 좋은 점을 살펴볼까요? ㉠랜선 친구는 시간과 장소에 상관없이 만날 수 있어요. 시간을 들여서 만나러 가지 않아도 다른 학교나 지역의 친구들을 폭넓게 사귈 수 있지요. 컴퓨터나 스마트폰만 켜면 되니까요. 랜선 친구와는 주로 댓글이나 채팅을 통해 대화를 해요. 그래서 속마음을 더 편하게 털어놓을 수 있어요. 많은 사람이 이런 방법으로 랜선 친구와 대화하며 위로와 힘을 얻고, 유익한 정보를 얻어요.

하지만 주의할 점도 있어요. 우선 랜선 친구는 인터넷을 통해 만나기 때문에 얼굴, 나이, 이름, 하는 일에 대해서 정확히 알기 어려워요. 상대방이 나를 속이려고 마음먹으면 알아차리지 못할 수 있지요. 그래서 ㉡랜선 친구에게 나의 주소, 전화번호, 사진 등의 개인 정보를 알려 주면 안 돼요. 직접 만나는 일도 피하는 것이 안전해요. 랜선 친구가 따로 만나자고 하면 절대 혼자서 나가지 말고, 부모님께 말씀드려야 해요. 또, 랜선 친구와 사귀는 데 시간을 너무 많이 쓰지 않도록 주의해야 해요. ㉢시도 때도 없이 채팅을 하고, 댓글을 읽느라 시간을 쓰면 나의 일상생활과 공부에 방해가 될 수 있어요.

인터넷이 발달하면서 랜선 친구를 만나는 기회가 점점 많아지고 있어요. 랜선 친구를 사귈 때 주의할 점을 미리 알아 두면 도움이 될 거예요.

어휘 알기　색칠한 낱말과 초성을 보고 뜻풀이에 알맞은 낱말을 ＿＿에 쓰세요.

| ㄷ | ㄱ |

인터넷에 오른 글 밑에 감상을 짧게
남기는 것.　　　　　＿＿＿＿＿＿＿

| ㅊ | ㅌ |

컴퓨터 통신망이나 게시판을 통해서
여러 사람이 글자로 대화를 주고받는 일.　＿＿＿＿＿＿＿

| ㅇ | ㅇ | ㅎ | ㄷ |

이롭거나 도움이 될 만한
것이 있다.　　　　　＿＿＿＿＿＿＿

독해력 기르기

01 이 글에서 설명하는 것은 무엇인지 빈칸에 쓰세요.

□ □ 친구

02 이 글에 나타나 있는 내용으로 알맞으면 ○, 알맞지 않으면 ✕ 하세요.

(1) 랜선 친구의 뜻　　　　　　　（　　　）

(2) 랜선 친구의 좋은 점　　　　　（　　　）

(3) 랜선 친구를 만날 때 주의할 점　（　　　）

(4) 랜선 친구라는 말을 처음 쓴 때　（　　　）

03 랜선 친구에 대해 <u>잘못</u> 이해한 친구의 이름을 쓰세요.　（　　　　　　　）

> 유진: 랜선 친구는 인터넷으로 대화를 주고받으며 사귄 친구야.
> 바다: 랜선 친구는 인스타그램, 페이스북 등의 누리 소통망에서 만난 친구야.
> 정연: 랜선 친구는 직접 만나서 취미 생활을 함께하는 친구야.

04 다음 설명과 관련 있는 것을 찾아 선으로 이으세요.

(1) 랜선 친구는 시간과 장소에 상관없이 만날 수 있고, 속마음이나 고민을 나누며 위로와 힘을 얻는다. •

• (가) 랜선 친구의 좋은 점

(2) 랜선 친구에 너무 빠져 공부나 일상생활에 방해가 되면 안 되고, 개인 정보를 알려 주면 안 된다. •

• (나) 랜선 친구를 만날 때 주의할 점

05 ㉠~㉢ 중 다음 신문 기사와 관련 있는 내용을 골라 기호를 쓰세요. (   )

| ○○ 신문 | ○○년○월○일 |

　개인 정보란 이름, 생일(주민 등록 번호), 휴대 전화 번호, 학교 이름, 내가 가입한 사이트의 아이디와 비밀번호, 메일 주소 등이 모두 해당된다. 내 개인 정보가 알려지면 불법 광고 문자나 메일을 아주 많이 받게 된다. 개인 정보로 나도 모르는 인터넷 사이트에 가입해 나쁜 일에 쓰이기도 한다. 게다가 유괴나 사기 같은 범죄에도 쓰이기 때문에 개인 정보는 항상 안전하게 보호해야 한다.

06 이 글의 내용을 요약했어요. 빈칸에 들어갈 알맞은 말을 쓰세요.

　①▢▢ 친구는 누리 소통망이나 게임 등의 온라인에서 사귄 친구이다. 랜선 친구는 ②▢▢, 장소에 상관없이 만날 수 있고, 고민을 함께 나누며 위로와 힘을 얻을 수 있다. 하지만 랜선 친구에게 빠져 시간을 많이 쓰지 않아야 하고, ③▢▢ 정보를 알려 주면 안 된다. 그리고 직접 만나는 일은 피해야 안전하다.

① _____　　② _____　　③ _____

외래어

외래어를 모두 찾아 ○ 하세요.

요즘은 (컴퓨터)뿐만 아니라 스마트폰으로 인터넷에 바로 접속할 수 있다. 그래서 언제 어디서든 다양한 정보를 쉽고 빠르게 얻을 수 있다. 또 쇼핑도 쉽게 하고, 채팅이나 메시지 등으로 대화를 나눌 수도 있다. 이동하면서 게임을 하거나 음악을 들을 수도 있다.

외래어는 '텔레비전, 리본, 인터넷'처럼 외국에서 쓰는 말을 빌려 와서 우리말처럼 쓰는 말이야.

모양이 같은 말

밑줄 친 말의 뜻을 찾아 선으로 이으세요.

(1)

바이올린을 켜다.

(2)

기지개를 켜다.

(3)

스마트폰을 켜다.

(가)
컴퓨터나 텔레비전 같은 전기 기구가 돌아가게 하다.

(나)
몸을 펴고 팔다리를 쭉 뻗다.

(다)
악기의 줄을 활로 문질러서 소리를 내다.

토픽 한 줄 정리

랜선 친구를 사귀고 싶니?

☐ 사귀고 싶어!   ☐ 사귀고 싶지 않아!

왜냐하면 _____

문화유산에
담긴 전설이
있다고?

문화유산을
어떻게
보호할까?

문화유산이 왜
중요한 걸까?

문화유산

| 조상들의 문화 가운데 후손에게 물려줄 만한 가치가 있는 것.

과학의 힘으로
문화유산을
되살린다고?

음식도 지켜야 할
문화유산일까?

다른 나라의
문화유산에 어떤
이야기가 숨어
있을까?

우리가 지켜야 할
문화유산에는 무엇이
있을까?

우리 문화유산이
다른 나라에
있다고?

아사달과 아사녀

옛날에 아사달과 아사녀라는 부부가 사이좋게 살았어요. 아사달은 백제 출신의 뛰어난 석공으로 주변에도 솜씨가 널리 알려졌어요. 마침 신라에서 불국사라는 큰 절에 탑을 세우려고 했어요. 그래서 빼어난 솜씨를 가진 아사달에게 탑을 세워 달라고 부탁했지요. 아사달은 아사녀와 헤어지는 것이 아쉬웠지만 부탁을 거절할 수 없었어요.

아사달이 탑을 만들기 위해 온 정성을 기울이는 동안 여러 해가 지나갔어요. 아사녀는 아사달이 너무 보고 싶었어요. 결국 아사녀는 아사달을 만나려고 불국사에 찾아갔어요. 하지만 불국사를 지키는 군사들이 아사녀를 막아섰어요.

"탑이 완성되기 전까지 아무도 들일 수 없습니다."

하지만 아사녀는 포기하지 않고 불국사 주변을 서성이며 먼발치에서라도 남편을 보려고 했어요. 하루는 아사녀를 딱하게 여긴 한 스님이 아사녀에게 귀띔해 주었어요.

"저기 있는 연못에 정성껏 기도를 올려 보십시오. 그러면 탑이 완성되었을 때 탑의 그림자가 연못에 비칠 것입니다."

㉠아사녀는 날마다 연못에 가서 하루 종일 기도를 드렸어요. 하지만 아무리 정성을 다해도 탑의 그림자는 보이지 않았어요.

'탑은 완성되지 않을 거야. 영원히.'

지칠 대로 지친 아사녀는 희망을 잃어버린 채 연못에 몸을 던졌어요. 드디어 탑을 다 만든 아사달은 아사녀가 와 있다는 소식을 듣고 연못으로 달려갔어요. 하지만 아사녀를 만날 수 없었지요. 아사달은 아사녀를 그리워하며 연못 주변을 돌며 방황하다가 고향으로 돌아갔어요. 그 뒤로 아사달을 본 사람은 없었어요.

아사달과 아사녀의 가슴 아픈 이야기가 전해지자, 사람들은 아사달이 만든 탑을 '무영탑'이라고 불렀어요. 그림자가 없는 탑이라는 뜻으로요. 이 무영탑이 바로 불국사 대웅전 앞뜰에 있는 우리나라 국보 '석가탑'입니다.

어휘 알기 색칠한 낱말과 초성을 보고 뜻풀이에 알맞은 낱말을 ___에 쓰세요.

| ㅌ | 돌, 나무, 벽돌 들을 여러 층으로 쌓아 올리거나 높고 뾰족하게 세워 놓은 것. | _____ |

| ㅅ | ㄱ | 돌을 깨고 쪼아서 여러 물건을 만드는 사람. | _____ |

| ㅁ | ㅂ | ㅊ | 조금 멀리 떨어져 있는 곳. | _____ |

독해력 기르기

01 이 글의 중심인물은 누구인지 빈칸에 쓰세요.

☐☐☐ 과 ☐☐☐

02 이 글의 내용으로 알맞지 <u>않은</u> 것은 무엇인가요? (   )

① 아사달은 뛰어난 석공으로, 석가탑을 만들었다.

② 아사녀는 아사달을 만나기 위해 불국사에 갔다.

③ 탑을 만든 뒤 고향으로 돌아간 아사달은 모습을 감췄다.

④ 아사녀가 정성껏 기도를 올리자, 연못에 탑의 그림자가 보였다.

⑤ 아사녀는 아사달을 만나지 못할 거라는 슬픔으로 연못에 몸을 던졌다.

03 ㉠에서 아사녀는 어떤 마음이었을지 바르게 짐작한 것에 ○ 하세요.

(1) 실망스럽지만 다행이라고 생각했을 것이다.   (   )

(2) 쓸데없는 일을 했다며 부끄러워했을 것이다.   (   )

(3) 매우 지치고 모든 희망이 사라진 기분이었을 것이다. (   )

04 이 글을 읽고 알 수 있는 석가탑에 대한 사실로 알맞지 <u>않은</u> 것의 기호를 쓰세요.

( )

㉮ 석가탑은 불타 사라지고 지금은 터만 남아 있다.
㉯ 석가탑에는 안타깝고 슬픈 사랑의 이야기가 전해진다.
㉰ 불국사에 있는 석가탑은 우리나라 국보 가운데 하나 이다.
㉱ 석가탑은 그림자가 없는 탑이라는 뜻에서 '무영탑'이라 고도 불린다.

05 이 글을 읽고 생각하거나 느낀 점을 바르게 말한 친구에 ○ 하세요.

(1)
석가탑에 얽힌 이야기를 알고 보니 석가탑이 더 아름답고 소중하게 느껴졌어.

(2)
석가탑에 얽힌 이야기가 사실인지, 지어낸 것인지 밝혀야 한다고 생각해.

06 이 글의 내용을 요약했어요. 빈칸에 들어갈 알맞은 말을 쓰세요.

우리나라 국보 중 하나인 ①□□□에는 가슴 아픈 이야기가 전해진다. 아 사달과 아사녀는 정다운 부부였으나 아사달이 탑을 만들러 떠났다. 여러 해 가 지난 뒤 아사녀는 아사달이 그리워 ②□□□로 찾아갔지만 만나지 못 했다. 한 스님이 연못에 기도하면 탑이 완성되었을 때 탑의 ③□□□가 보 일 거라고 전해 주었다. 아사녀는 연못에 정성껏 기도했지만 탑의 그림자가 보 이지 않자 연못에 몸을 던졌다. 이 사실을 알게 된 아사달은 고향으로 돌아가 모습을 감추었다.

① _____ ② _____ ③ _____

📖 낱말의 관계

낱말의 관계가 나머지와 다른 하나를 골라 ○ 하세요.

(1) | 정답다 - 사이좋다 |

(2) | 알려지다 - 소문나다 |

(3) | 아내 - 남편 |

(4) | 세우다 - 짓다 |

📖 뜻이 여러 개인 말

밑줄 친 낱말이 어떤 뜻으로 쓰였는지 번호를 쓰세요.

① 팔과 손목을 움직여 손에 든 것을 멀리 보내다.

던지다

② 자기 몸을 떨어지게 하거나 뛰어들다.

(1) 강물에 돌을 던졌다.   (   )

(2) 골키퍼가 몸을 던져 축구공을 막았다.   (   )

(3) 나는 너무 피곤해서 침대 위로 몸을 던졌다. (   )

토픽 한 줄 정리

아사달이나 아사녀에게 하고 싶은 말이 있니?

☐ 아사달   ☐ 아사녀

_____ 님!

음식도 문화유산이 될 수 있을까?
궁금하면 다음 장을 넘겨 봐! >>>>>

문화 | 설명하는 글

세계가 인정한 우리 문화유산, 김장

가 김장은 겨우내 먹기 위해 김치를 한꺼번에 많이 담그는 일이에요. 수백 년간 이어 온 우리 전통이지요. 유네스코에서도 김장의 특별함을 인정해서 '김장 문화'를 2013년 인류 무형 문화유산으로 지정했어요. 우리 김장 문화는 무엇이 특별할까요?

나 김장은 공동체의 정을 느끼게 하는 소중한 문화유산이에요. 우리나라에는 어려운 일이 있거나 바쁠 때 서로 돕는 문화가 있어요. 김장도 마찬가지예요. 김장철이 되면 가족, 친척, 이웃이 모여 집집마다 돌아가며 김장을 담갔어요. 이때 만든 김치는 서로 나누어 먹고, 형편이 어려워 김장을 담그지 못한 이웃에게도 나누어 주었어요.

다 김장은 오랜 세월 동안 이어져 온 살아 있는 문화유산이에요. 옛날에는 겨울철에 신선한 채소를 구하기 어려웠어요. 그래서 늦가을에 미리 김치를 담가 두고 저장해 먹었어요. 이런 풍습은 오늘날까지 이어져 아직도 많은 가정에서 김장을 담그며 전통을 이어 가고 있어요.

라 김장은 우리 민족의 지혜를 보여 주는 문화유산이에요. 우리나라는 남북으로 길어서 지역마다 기온 차가 있어요. 기온이 낮은 북쪽 지역의 김장은 양념을 적게 넣어 담백하고 싱거운 맛을 내요. 기온이 높은 남쪽 지역은 다양한 젓갈을 써서 김장을 짜게 담가요. 이렇듯 김장은 자연환경에 적응하며 살아온 우리 민족의 지혜를 보여 줘요.

마 김장은 단순히 김치를 만드는 행사가 아니라 우리나라의 정체성이 담긴 소중한 문화유산이에요. 세계에서도 인정한 김장, 앞으로도 소중히 지키고 계승해야겠지요?

어휘 **알기** 색칠한 낱말과 초성을 보고 뜻풀이에 알맞은 낱말을 ___에 쓰세요.

| ㅍ | ㅅ | 옛날부터 전해 오는 생활 습관.

_____

| ㄱ | ㅅ | 조상의 전통이나 문화유산, 업적 따위를
물려받아 이어 나감.

_____

| ㅈ | ㅊ | ㅅ | 변하지 않는 본래의 참모습.

_____

| ㄱ | ㄷ | ㅊ | 생활이나 행동 또는 목적을 같이하는
집단.

_____

독해력 **기르기**

01 이 글을 통해 알 수 있는 김장에 대한 설명으로 알맞으면 ○, 알맞지 않으면 ✕
하세요.

(1) 김장을 담그는 방법과 재료는 지역에 상관없이 똑같다.   (   )

(2) 나눔을 실천하고 공동체의 정을 느끼게 하는 문화유산이다.   (   )

(3) 오늘날까지 많은 사람이 지켜 오고 있는 살아 있는 문화유산이다.   (   )

(4) 자연환경에 적응하며 살아온 우리 민족의 지혜를 보여 주는 문화유산이다.

(   )

02 ㉮~㉳를 글의 짜임에 맞게 바르게 나눈 것의 기호를 쓰세요. (   )

	처음	가운데	끝
㉮	가	나, 다	라, 마
㉯	가	나, 다, 라	마
㉰	가, 나	다, 라	마

03 이 글을 읽고 생각하거나 느낀 점을 바르게 말한 친구에 ○ 하세요.

(1)
> 김장이 이렇게 우수한 문화유산인 줄 몰랐어. 김장 문화를 지키고 계승할 수 있도록 더 노력해야겠어.

(2)
> 김장 문화를 세계에 널리 알리면 좋겠어. 외국인도 좋아하도록 다른 나라의 식재료를 많이 넣어 김장을 담갔으면 좋겠어.

04 김장 문화를 계승하려는 사람들의 노력으로 알맞은 것에 ○ 하세요.

(1)

매년 11월 서울시에서는 '서울 김장 문화제'를 열어 김장을 담그고 나누는 체험 행사를 한다.

(2)

여러 종류의 김치를 공장에서 만들어 많은 사람이 편의점이나 슈퍼마켓에서 편하게 사 먹는다.

05 이 글의 내용을 요약했어요. 빈칸에 들어갈 알맞은 말을 쓰세요.

> 김장은 겨우내 먹기 위해 한꺼번에 ①☐☐를 많이 담그는 일로, 2013년 유네스코 인류 무형 ②☐☐☐☐에 지정되었다. 김장 문화는 공동체의 정과 나눔의 문화를 느끼게 하는 문화유산이다. 김장 문화는 오늘날까지 이어지고 있고, 지역의 자연환경에 맞게 독창적으로 발전해 왔다. 우리나라의 정체성이 담긴 ③☐☐ 문화를 소중히 지켜 나가야 한다.

① _____ ② _____ ③ _____

 낱말 퍼즐

가로 풀이와 세로 풀이를 보고, 뜻에 알맞은 말을 빈칸에 쓰세요.

가로 풀이

❶ 겨우내 먹을 김치를 늦가을 무렵에 한꺼번에 많이 담그는 일.
❷ 지구 위에 있는 모든 나라.

세로 풀이

① 소금에 절인 배추, 무 들에 양념을 넣고 버무린 뒤에 발효시킨 음식.
② 흘러가는 시간.

올바른 발음

밑줄 친 낱말을 바르게 읽은 것에 ○ 하세요.

(1) 북쪽 지방은 기온이 <u>낮아요</u>[나자요 , 낮아요].
(2) <u>김장철이</u>[김장처리 , 김장철이] 되면 김치를 담가요.
(3) 김장 <u>풍습은</u>[풍습은 , 풍스븐] 오늘날까지 이어졌어요.

'ㅏ, ㅑ, ㅓ, ㅕ, ㅗ, ㅛ, ㅡ, ㅣ' 등의 글자를 모음이라고 해. 받침 다음에 모음이 이어질 때에는 잎이[이피], 꽃에[꼬체]처럼 받침 소리를 그대로 연결하여 발음해야 해.

토픽 한 줄 정리

우리나라의 다양한 김치 중 네가 좋아하는 것은 무엇이니?

☐ 배추김치　☐ 총각김치　☐ 물김치　☐ 깍두기

왜냐하면 ＿＿＿＿＿＿＿＿＿
＿＿＿＿＿＿＿＿＿＿＿＿＿
＿＿＿＿＿＿＿＿＿＿＿＿＿

다른 나라에 빼앗겼다 되찾은 우리 문화유산이 있대.
궁금하면 다음 장을 넘겨 봐! >>>>>

우리의 문화유산을 되찾다

　박병선 박사는 다른 나라가 가지고 있던 우리의 문화재를 되찾아 온 역사학자예요.

　프랑스로 유학을 간 박병선 박사는 병인양요 때 프랑스군에 빼앗겼던 『의궤』라는 책을 찾고자 했어요. 『의궤』는 조선 시대에 나라의 큰 행사를 글과 그림으로 기록한 책이에요. 사진처럼 생생히 기록되어 있어 조선 시대의 문화와 역사를 연구하는 데 큰 도움이 되는 중요한 문화재예요.

　박병선 박사는 프랑스 국립 도서관에서 일하면서 『의궤』를 찾기 시작했어요. ㉠3천 만 권이 넘는 책들을 일일이 확인하면서 10여 년 동안 『의궤』를 찾기 위해 애썼어요. 그러던 중 1975년 프랑스 국립 도서관의 창고에서 ㉡『의궤』 3권을 발견했고, 2년에 걸쳐 297권에 달하는 『의궤』를 모두 찾아냈어요.

　박병선 박사는 ㉢『의궤』를 우리나라에 돌려줄 것을 요구하다가 도서관에서 해고를 당했어요. ㉣우리나라 정부는 프랑스와 관계가 나빠질까 봐 이 일에 적극적으로 나서지 않았어요. 하지만 박병선 박사는 포기하지 않았어요. ㉤『의궤』의 가치를 알리려고 10여 년간 『의궤』의 내용을 연구하여 책으로 출판했어요. 이런 노력으로 사람들도 『의궤』에 관심을 갖게 되었어요. 결국 우리나라 정부와 국민들이 『의궤』 반환에 한목소리를 냈고, 2011년에 드디어 『의궤』 297권이 우리나라에 되돌아왔어요.

　박병선 박사의 노력과 열정이 없었다면 우리는 『의궤』를 영영 찾지 못했을 거예요. 『의궤』의 반환으로 사람들은 우리 문화재의 소중함과 가치를 더욱 깨닫게 되었어요.

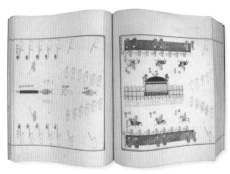

◀『의궤』의 표지와 속지

*병인양요: 조선 말 프랑스 함대가 조선의 강화도를 침범한 사건.

어휘 알기　색칠한 낱말과 초성을 보고 뜻풀이에 알맞은 낱말을 ___에 쓰세요.

| ㄱ | ㅊ |　물건이나 일의 쓸모나 중요성.

_____

| ㅂ | ㅎ |　빌리거나 차지했던 것을 되돌려줌.

_____

| ㅎ | ㄱ |　일터에서 일하던 사람을 그만두게 하는 것.

_____

독해력 기르기

01　이 글에 대한 설명이에요. 알맞은 말에 ○ 하세요.

> 박병선 박사가 (일본 , 프랑스)에 빼앗겼던 (『의궤』,『훈민정음』)을(를)
> 되찾으려고 노력한 과정을 소개하는 글이다.

02　㉠~㉤ 중 『의궤』를 되찾기 위한 박병선 박사의 노력으로 알맞지 <u>않은</u> 것은 무엇인가요? (　　　)

① ㉠　　　　② ㉡　　　　③ ㉢　　　　④ ㉣　　　　⑤ ㉤

03　『의궤』에 대한 설명으로 알맞지 <u>않은</u> 것은 무엇인가요? (　　　)

① 병인양요 때 프랑스군이 빼앗아 갔다.

② 프랑스 국립 도서관의 창고에서 찾았다.

③ 박병선 박사가 찾은 『의궤』는 모두 297권이다.

④ 『의궤』는 2011년에 한국으로 되돌아왔다.

⑤ 『의궤』는 조선 시대 왕들의 업적을 기록한 책이다.

04 『의궤』의 가치를 설명한 글이에요. 빈칸에 들어갈 알맞은 말을 ____에 쓰세요.

> 『의궤』는 조선 시대 때 나라의 중요한 행사 과정을 정리한 책이다. 임금과 왕비의 결혼, 왕의 행차, 장례식 등의 모습이 글과 ☐☐으로 자세히 기록되어 있어 역사를 이해하는 데 훌륭한 자료가 된다.

_____

05 박병선 박사를 평가한 내용으로 알맞은 것을 모두 고르세요. (,   )

① 훼손된 『의궤』를 깨끗하게 복원한 문화재 연구원

② 프랑스와 우리나라의 관계가 좋아지도록 노력한 외교관

③ 우리나라에 『의궤』가 되돌아오는 데 큰 역할을 한 역사학자

④ 『의궤』 반환에 대한 프랑스의 잘못된 정책을 비판한 정치인

⑤ 『의궤』를 찾아 사람들에게 문화재의 가치와 소중함을 깨닫게 한 역사학자

06 이 글의 내용을 요약했어요. 빈칸에 들어갈 알맞은 말을 쓰세요.

해외에 있던 『의궤』	박병선 박사는 병인양요 때 프랑스에 빼앗긴 ①『☐☐』를 찾으려고 했다.
『의궤』 반환을 위한 노력	• 프랑스 국립 도서관의 창고에서 『의궤』를 발견했고, 2년 동안 『의궤』 297권을 모두 찾았다. • 『의궤』의 반환을 요구하다가 프랑스 국립 도서관에서 해고를 당했다. • 10여 년간 『의궤』의 내용을 모두 연구하여 ②☐으로 출판했다.
결과	③☐☐☐ 박사의 노력으로 2011년에 『의궤』 297권이 우리나라에 되돌아왔다.

① _____ ② _____ ③ _____

낱말의 뜻

빈칸에 들어갈 알맞은 말을 찾아 선으로 이으세요.

애쓰다

(1) ☐☐과 힘을 다하여
무엇을 이루려고 힘쓰다. •

• (가) 필요

요구하다

(2) 받아야 할 것을 ☐☐에
의하여 달라고 청하다. •

• (나) 마음

올바른 띄어쓰기

밑줄 친 부분의 띄어쓰기가 알맞으면 ⊙, 알맞지 않으면 ⊗에 ○ 하세요.

(1) <u>10년간</u> 『의궤』를 연구했다.　⊙ ⊗

(2) <u>4년 간</u> 피아노 학원을 다녔다.　⊙ ⊗

(3) 부모와 <u>자식간</u>에 정이 두텁다.　⊙ ⊗

(4) 우리나라와 <u>프랑스 간</u>에 교류가 이루어졌다.　⊙ ⊗

'간'이 '동안'의 뜻을
나타낼 때는 앞말과 붙여 쓰고,
'관계'의 뜻을 나타낼 때는
앞말과 띄어 써야 해.

토픽 한 줄 정리

이 글을 읽고 더 알아보고 싶은 것이 있니?

☐ 박병선 박사님의 일생을 더 자세히 알아보고 싶어.

☐ 『의궤』에는 어떤 내용이 담겨 있는지 알아보고 싶어.

☐ 되찾아야 할 우리의 문화재가 더 있는지 알아보고 싶어.

왜냐하면 _____

이집트의 대표적인 문화유산은 뭘까?
궁금하면 다음 장을 넘겨 봐! >>>>>

스핑크스의 예언

이집트의 왕 투트모세 4세가 왕자일 때의 이야기예요. 씩씩하고 늠름했던 왕자는 탐험을 떠나거나 사막으로 사냥을 다니는 것을 좋아했어요. 왕자는 태양신을 기리는 축제가 열리는 날에도 행사에 참여하지 않고 궁궐을 빠져나왔어요. 뜨거운 햇볕을 받으며 모래사막을 달리던 왕자는 더위를 피해 모래 언덕에서 잠시 쉬었어요. 그러다 깜빡 잠이 들었어요.

"나는 모래 속에 묻혀 있다. 왕자여, 나를 꺼내 다오. 그렇게 해 주면 너를 이집트의 왕으로 만들어 주겠노라."

스핑크스가 나타나 부탁을 하자, 왕자는 깜짝 놀라 꿈에서 깨어났어요. 주위에는 아무것도 없었지만 스핑크스의 목소리가 그대로 귓가에 울렸어요. 왕자는 바로 가까운 마을로 가서 사람들을 데리고 돌아왔어요.

"이곳의 모래를 조심스럽게 파내어라."

파내고 파내어도 아무것도 나오지 않았어요. 그런데 해가 저물 때쯤 모래 구덩이 속에서 큼직한 바윗덩이가 보였어요. 모래를 다 걷어 내자 사람의 머리에 사자의 몸을 가진 거대한 스핑크스가 모습을 드러냈어요.

몇 해 뒤 왕자는 스핑크스의 예언대로 이집트의 왕이 되었어요. 당시 이집트에서는 맏아들만이 왕이 될 수 있었어요. 왕자는 맏아들이 아니었지만 신기하게도 왕의 자리에 오른 거예요. ㉠왕이 된 투트모세 4세는 감사한 마음을 담아 스핑크스를 기리는 비석을 세웠어요. 비석에는 꿈에서 들은 스핑크스의 예언과 자신이 왕이 된 과정을 새겨 넣었지요.

아직까지 이 비석은 피라미드 앞을 지키고 있는 웅장한 스핑크스의 두 발 사이에 남아 있어요. 사람들은 이 비석을 '꿈의 비석'이라고 부른답니다.

어휘 **알기**   색칠한 낱말과 초성을 보고 뜻풀이에 알맞은 낱말을 ___에 쓰세요.

| ㅂ | ㅅ | 돌로 만든 비.

_____

| ㅇ | ㅇ | 앞으로 일어날 일을 미리 짐작해서 말하는 것.

_____

| ㅇ | ㅈ | ㅎ | ㄷ | 규모 따위가 거대하고 성대하다.

_____

독해력 **기르기**

01   스핑크스가 투트모세 4세에게 한 예언에 ○ 하세요.

(1) 나를 모래에서 꺼내 주면 왕으로 만들어 주겠노라.   (   )

(2) 나를 기리는 비석을 만들어 주면 왕으로 만들어 주겠노라. (   )

02   투트모세 4세는 스핑크스의 예언을 어디에서 들었나요? (   )

① 궁궐에서   ② 피라미드 앞에서   ③ 꿈속에서

④ 축제에서   ⑤ 사냥터에서

03   이 글에 대한 내용으로 알맞지 <u>않은</u> 것은 무엇인가요? (   )

① 투트모세 4세는 스핑크스 앞에 비석을 세웠다.

② 투트모세 4세는 모래에서 스핑크스를 꺼내 주었다.

③ 투트모세 4세는 맏아들이 아니어서 왕이 되지 못했다.

④ 스핑크스에게 들은 예언대로 투트모세 4세는 왕이 되었다.

⑤ 투트모세 4세는 탐험을 떠나거나 사냥을 다니는 것을 좋아했다.

04 이 글을 통해 알 수 있는 스핑크스에 대한 설명으로 알맞지 <u>않은</u> 것에 ✕ 하세요.

(1) 스핑크스는 소원을 이뤄 주는 신이다. ( )

(2) 스핑크스는 피라미드 앞에 세워져 있다. ( )

(3) 스핑크스 앞에는 꿈의 비석이 세워져 있다. ( )

(4) 스핑크스는 사람의 머리에 사자의 몸을 가진 모습이다. ( )

05 ㉠처럼 투트모세 4세가 비석을 세운 까닭을 바르게 짐작한 친구에 ○ 하세요.

(1)
스핑크스 덕분에 자신이 왕이 되었다고 생각했기 때문에 감사의 마음을 담아 비석을 세운 거야.

(2)
스핑크스 덕분에 이집트가 잘사는 나라가 되었다고 생각해서 감사하는 마음으로 비석을 세운 거야.

06 이 글의 내용을 요약했어요. 빈칸에 들어갈 알맞은 말을 쓰세요.

투트모세 4세가 왕자일 때 사막에 갔다가 스핑크스의 ①◻️을 꾸었다. 스핑크스는 자신을 모래에서 꺼내 주면 이집트의 ②◻️으로 만들어 주겠다는 예언을 했다. 왕자는 사람들을 데리고 와서 모래에서 스핑크스를 꺼내 주었다. 몇 해 뒤 왕자는 진짜로 이집트의 왕이 되었고, 감사의 마음을 담아 스핑크스를 기리는 ③◻️◻️을 세웠다. 사람들은 이 비석을 '꿈의 비석'이라고 불렀다.

① _____ ② _____ ③ _____

성질이나 상태를 나타내는 말

두 낱말 중에 '크다'의 뜻을 가진 말에 ○ 하세요.

> 우리말에는 '크다', '작다'의 뜻을 가진 말이 다양해.

작디작다	크디크다		큼직하다	조그맣다

커다랗다	작다랗다		왜소하다	거대하다

뜻을 더하는 말

빈칸에 알맞은 말을 쓰세요.

맏-

가족을 나타내는 낱말 앞에 붙어
'맏이', '첫째'라는 뜻을 더한다.

아들 며느리 사위
딸 손자 손녀

맏☐
딸 가운데 맨 먼저
태어난 딸.

맏☐☐
아들 가운데 맨 먼저
태어난 아들.

맏☐☐
손녀들 가운데 맨 먼저
태어난 손녀.

토픽 한 줄 정리

스핑크스에게 듣고 싶은 예언이 있니?

스핑크스에게 _____ 예언을 듣고 싶어.

왜냐하면 _____

훼손된 문화유산을 되살리는 기술을 알고 있니?
궁금하면 다음 장을 넘겨 봐! >>>>>

과학 기술로 재탄생한 문화유산

우리나라 국보인 미륵사지 석탑은 백제 시대에 세워진 석탑으로 현재 우리나라에 남아 있는 석탑 중 가장 크고, 오래되었어요. 오랜 세월을 버텨 온 만큼 훼손된 부분도 많았어요. 특히 일제 강점기 때 일본이 부서진 미륵사지 석탑을 복원한다며 시멘트를 부어 버렸어요. 그래서 아름답던 원래의 모습을 잃어버렸어요. 시간이 지나면서 미륵사지 석탑은 점점 더 심하게 망가졌어요. 그대로 두었다가는 무너질 수도 있었지요. ㉠문화재청은 미륵사지 석탑을 해체하였다가 다시 쌓기로 했어요.

미륵사지 석탑의 복원을 위해 여러 가지 과학 기술이 이용되었어요. 가장 큰 역할을 한 것은 스리디(3D) 스캔이에요. 스리디 스캔이란 사물을 입체적으로 촬영해 컴퓨터에 옮기는 기술이에요. 스리디 스캔으로 석탑을 다양한 방향에서 수백 번 촬영해 석탑의 크기와 모양에 관한 정보를 얻었어요. 이 정보를 컴퓨터에 옮겨 석탑이 복원되었을 때의 모습을 컴퓨터 그래픽으로 만들었어요. 이 모습을 바탕으로 복원 계획을 세우고, 실제 복원 작업을 하는 과정에서 설계도처럼 활용했어요.

본래 석탑의 재료를 최대한 살리는 데도 과학 기술이 이용되었어요. 가볍고 강한 금속인 '티타늄'으로 만든 핀을 이용해 깨진 돌 조각을 붙이고, 금이 간 돌에는 접착력이 강한 '에폭시 수지'를 넣어 떨어지지 않게 했어요.

이렇게 정성과 노력을 쏟아부은 결과 미륵사지 석탑은 20년 만에 복원되었어요. 과학 기술 덕분에 우리는 아름다운 미륵사지 석탑의 모습을 다시 볼 수 있게 된 거예요.

1 스리디 스캔으로 석탑 촬영   2 촬영에서 얻은 정보로 컴퓨터 그래픽 작업   3 석탑의 스리디 모형 완성

어휘 알기 색칠한 낱말과 초성을 보고 뜻풀이에 알맞은 낱말을 ___ 에 쓰세요.

ㅂ ㅇ   망가지거나 부서진 것을 원래대로 되돌리는 것.   _____

ㅎ ㅅ   물건을 함부로 다루어 깨지거나 상해서 못
쓰게 만드는 것.   _____

ㅅ ㅁ ㅌ   집 짓는 데 쓰는 가루.   _____

ㅅ ㄱ ㄷ   어떤 것을 만들려고 생김새나 크기
등을 일정한 규칙에 따라 만든 그림.   _____

독해력 기르기

01 이 글에서 설명하는 것은 무엇인지 빈칸에 알맞은 말을 쓰세요.

☐ ☐   기술을 이용한 미륵사지 석탑의 복원 과정

02 문화재청에서 ㉠과 같이 결정한 까닭에 ○ 하세요.

(1)
더 화려하고
완벽한 모습으로 꾸며서
사람들에게 보여 주려고

(2)
세월이 흐르면서
심하게 망가져
곧 무너질 수도 있어서

03 미륵사지 석탑의 복원 과정에 대한 설명으로 알맞은 것에 ○ 하세요.

(1) 미륵사지 석탑을 복원할 때 스리디 스캔이라는 과학 기술이 이용되었다. (   )

(2) 미륵사지 석탑에서 나온 깨지거나 금이 간 돌 조각은 사용하지 못했다. (   )

04 미륵사지 석탑에 대한 설명으로 알맞지 <u>않은</u> 것의 기호를 쓰세요. (　　　)

㉮ 우리나라에 남아 있는 석탑 중 가장 크고 오래되었다.
㉯ 미륵사지 석탑을 복원하는 데 20년이 걸렸다.
㉰ 미륵사지 석탑을 복원할 때 일본이 큰 도움을 주었다.
㉱ 미륵사지 석탑을 복원할 때 여러 과학 기술을 이용했다.

05 이 글과 다음 글에서 설명하는 내용을 통해 알 수 있는 것에 ○ 하세요.

> 사람의 몸속을 보듯이 엑스레이(X-선)를 문화재에 쏘이면 문화재의 내부 모습을 볼 수 있다. 또 그 문화재가 어떤 물질로 이루어졌는지도 알아낼 수 있다. 엑스레이를 이용하면 문화재를 뜯거나 부수지 않고도 문화재의 상태를 파악해서 복원 계획을 세울 수 있다.

(1)　과학 기술을 이용해
　　 문화재를 복원한다.

(2)　문화재를 복원하는 데
　　 시간이 오래 걸린다.

06 이 글의 내용을 요약했어요. 빈칸에 들어갈 알맞은 말을 쓰세요.

> 과학 기술을 이용한 미륵사지 ①☐☐의 복원 과정

> ②☐☐☐ 스캔으로 석탑을 촬영하고, 석탑이 복원되었을 때의 모습을 컴퓨터 그래픽으로 만들었다. 이를 바탕으로 복원 계획을 세우고, 복원할 때 설계도처럼 사용했다.

> 본래 석탑의 재료를 다시 사용하는 데도 ③☐☐ 기술이 이용되었다. 깨진 돌은 티타늄이라는 금속 핀으로 고정했고, 금이 간 돌은 접착력이 강한 에폭시 수지를 넣어 떨어지지 않게 했다.

① ＿＿＿＿＿＿＿＿　　② ＿＿＿＿＿＿＿＿　　③ ＿＿＿＿＿＿＿＿

움직임을 나타내는 말

그림에 알맞은 말에 ○ 하세요.

깨지다	붓다	접다
고치다	붙이다	쌓다

모양이 같은 말

밑줄 친 낱말의 뜻을 찾아 선으로 이으세요.

(1) 돌멩이에 금이 갔어. ·

(2) 월화수목금 중 어느 요일이 제일 좋아? ·

(3) 금으로 반지를 만들었어. ·

· (가) 금요일을 이르는 말.

· (나) 노란빛이 나는 값비싼 금속.

· (다) 물건이나 벽이 살짝 갈라져 생긴 가느다란 틈.

토픽 한 줄 정리

새로 복원된 문화재 중 직접 가서 보고 싶은 것이 있니?

☐ 불타 없어졌다 복원된 〈숭례문〉
☐ 무너질 위험에 처했다 복원된 〈미륵사지 석탑〉
☐ 옛 모습 그대로 복원된 조선 시대 물시계 〈자격루〉

왜냐하면 _____

말은
어떤 힘이
있을까?

말을 잘해서
유명해진
사람이 있을까?

말을 잘하려면
어떻게
해야 할까?

말

| 사람이 자기 생각이나 느낌을 나타내려고
입 밖으로 내는 소리.

유행하는
말을 사용해도
될까?

남 앞에서
말하는 게 무섭다고?

사라질 말을
모은 사람들이
있다고?

동물들도 말을
할 수 있을까?

말은
어떻게
배울까?

훨훨 날아간다

산골 외딴집에 이야기를 좋아하는 할머니가 있었어. '옛날 옛날에'라는 말만 해도 할머니는 재미있다며 호호호 웃었지. 어느 날 할머니는 할아버지에게 장터에 가서 무명 한 필과 재미난 이야기를 바꿔 오라고 했어. 할아버지는 여기저기 기웃기웃했지만 재미난 이야기를 들려주는 사람은 없었어. 집으로 털레털레 오는 길에 할아버지는 재미난 이야기를 해 주겠다는 농부를 만났어. 농부는 딱히 생각나는 이야기가 없었지만 무명이 탐이 나서 선뜻 나선 거야. 그때 황새 한 마리가 훨훨 날아왔어. 농부는 재미난 이야기를 하는 것처럼 황새의 몸짓을 따라 말했어.

"훨훨 날아온다."

농부는 계속해서 황새가 하는 동작을 따라 말했지.

"후딱후딱 걷는다. 요리조리 살핀다. 꿀꺽 먹는다. 훨훨 날아간다."

할아버지는 농부에게 무명을 건네주고 싱글벙글 웃으며 집으로 돌아왔어.

"할멈, 아주 재미난 이야기를 사 왔소. 한번 들어 보구려."

할아버지가 말을 시작했어. 그런데 그때 도둑이 담을 훌쩍 넘어오지 뭐야.

"훨훨 날아온다."

도둑은 자신이 몰래 들어온 것을 들킨 것 같아서 부엌으로 후딱 들어갔어.

"후딱후딱 걷는다."

도둑은 가슴이 콩닥거려 요리조리 주변을 살폈어.

"요리조리 살핀다."

도둑은 깜짝 놀랐어. 하지만 부뚜막에 놓인 떡이 맛있어 보여 그만 꿀꺽 집어삼켰어.

"꿀꺽 먹는다."

잔뜩 겁이 난 도둑은 ㉠간이 콩알만 해져 줄행랑을 놓았지. 할아버지는 도둑이 도망간 줄도 모르고 이야기를 계속했어.

"훨훨 날아간다."

할머니는 재미난 이야기를 들었다며 배를 잡고 한참을 웃었대.

어휘 알기　색칠한 낱말과 초성을 보고 뜻풀이에 알맞은 낱말을 ＿＿에 쓰세요.

| ㅁ | ㅁ | 　목화솜에서 실을 뽑아 짠 옷감.

_____

| ㅈ | ㅎ | ㄹ | 　'도망'을 낮추어 이르는 말.

_____

| ㅂ | ㄸ | ㅁ | 　부엌 아궁이 위에 솥을 얹는 판판한 곳.

_____

독해력 기르기

01 이 글의 내용으로 알맞으면 ○, 알맞지 않으면 ✕ 하세요.

(1) 할머니는 이야기 듣는 것을 좋아한다. 　　　　　　(　　)

(2) 할아버지는 무명 한 필을 주고 이야기를 사 왔다. 　　(　　)

(3) 할아버지는 도둑을 쫓아내기 위해 무서운 이야기를 했다. (　　)

02 다음 황새의 동작을 보고, 알맞게 표현한 말을 찾아 선으로 이으세요.

(1) 　　・

　　　　　　　　　　　・ (가)　요리조리 살핀다.

(2) 　　・

　　　　　　　　　　　・ (나)　훨훨 날아간다.

03 도둑이 ㉠처럼 행동한 까닭은 무엇인가요? (   )

① 할아버지가 재미난 이야기를 해서

② 도둑질하러 온 것을 들킨 것 같아서

③ 도둑질하러 온 자신의 행동이 부끄러워서

④ 물건을 훔치러 왔는데 값나가는 물건이 없어서

⑤ 누군가 자신의 행동을 따라 말하니 화가 나서

'간이 콩알만 해지다'라는 말은 몹시 두렵거나 무서울 때 쓰는 말이야.

04 이 글에 대한 감상을 알맞게 말하지 **못한** 친구에 ○ 하세요.

(1)
도둑이 제 발 저린다는 말에 딱 맞는 이야기야. 잔뜩 겁먹은 도둑의 모습이 우스꽝스러웠어.

(2)
할아버지가 직접 나서서 도둑을 쫓아내다니, 할아버지에게 반했어.

(3)
'훨훨', '후딱후딱', '요리조리', '꿀꺽' 등의 말이 반복되니까 이야기가 재미있게 느껴졌어.

05 이 글의 내용을 요약했어요. 빈칸에 들어갈 알맞은 말을 쓰세요.

> 옛날에 ① □□□를 좋아하는 할머니가 할아버지에게 이야기를 사 오라고
> 했다. 할아버지는 한 농부에게 이야기를 샀는데, 농부는 ② □□의 동작을
> 보고 이야기를 만든 것이었다. 할아버지가 집에 와서 할머니에게 이야기를 들
> 려주는데 마침 ③ □□이 들어왔다. 그런데 할아버지가 마치 도둑을 보면서
> 말하는 것처럼 이야기의 내용과 도둑의 행동이 똑같았다. 도둑은 깜짝 놀라
> 도망쳤고, 할머니는 재미난 이야기를 들었다며 즐거워했다.

① _____   ② _____   ③ _____

흉내 내는 말

그림에 어울리는 흉내 내는 말을 골라 빈 곳에 쓰세요.

> 기웃기웃 무엇을 보려고 고개나 몸을 이쪽저쪽으로 자꾸 기울이는 모양.
> 털레털레 단출한 몸으로 건들건들 걷거나 행동하는 모양.
> 싱글벙글 눈과 입을 슬며시 움직이며 소리 없이 환하게 웃는 모양.

_____ 웃다. _____ 걷다. _____ 둘러보다.

관용 표현

빈칸에 공통으로 들어갈 말을 골라 ○ 하세요.

> 손 간 발 털

☐이 크다
뜻 겁이 없고 매우 대담하다.

☐이 떨어지다
뜻 순간적으로 몹시 놀라다.

> 우리말에는 '간이 콩알만 해지다'처럼 '간'이 들어간 관용 표현이 많아. 어떤 표현들이 있는지 알아봐!

토픽 한 줄 정리

할머니께 들려줄 재미난 이야기를 알고 있니?

☐ 옛날이야기   ☐ 동화   ☐ 만화 영화   ☐ _____

어떤 내용이냐면 _____

내 마음대로 말을 만들어 써도 될까?
궁금하면 다음 장을 넘겨 봐! >>>>>

신조어를 써도 될까?

사회자   요즘 많은 사람이 '신조어'를 쓰고 있어요. '신조어'는 새로 생긴 말을 뜻하는데, 인터넷에서 주로 만들어지고 사용한다고 해서 '인터넷 신조어'라고도 해요. 여러분은 신조어 사용에 대해 어떻게 생각하나요?

은영   저는 신조어 사용에 찬성해요. 신조어를 사용하면 말하려는 내용을 쉽고 빠르게 전달할 수 있어요. 요즘 사람들은 스마트폰이나 컴퓨터로 의사소통하는 경우가 많아요. 이때 자판에 글자를 입력하는데 신조어를 쓰면 빠르게 말을 전달할 수 있어요. 예를 들어 '문화 상품권'이라고 하는 대신에 '문상'이라고 하면 간편하게 뜻이 전달되잖아요. 또 신조어를 사용하면 또래 친구와 더욱 친해질 수 있어요. 신조어는 우리끼리만 통하는 말이고, 새롭고 재미있는 표현이 많아서 대화하는 즐거움을 느낄 수 있기 때문이에요.

형욱   저는 신조어 사용에 반대해요. 신조어는 주로 젊은 사람들이 만들기 때문에 어른들은 그 뜻을 모르는 경우가 많아요. 어림짐작만으로 신조어의 말뜻을 눈치채기 어려워 어른들은 신조어를 쓰는 젊은 사람들과 대화가 통하지 않을 수 있어요. 게다가 신조어는 우리말을 훼손해요. ㉠신조어는 말을 지나치게 줄이거나 우리말에 외국어까지 더해서 만들어진 뜻을 알 수 없는 낯선 말이기 때문이에요. 우리말 맞춤법에 어긋나는 신조어를 일상생활에서 습관처럼 사용한다면 우리말은 오염되고 훼손될 거예요.

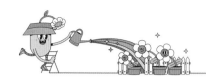

어휘 알기 색칠한 낱말과 초성을 보고 뜻풀이에 알맞은 낱말을 ___에 쓰세요.

| ㅈ | ㅍ | 컴퓨터나 핸드폰에서 작은 단추를 두드려 글자를 찍는 판. | _____ |

| ㅁ | ㅊ | ㅂ | 말을 글로 옮길 때 따라야 하는 규칙. | _____ |

| ㅇ | ㅇ | ㄷ | ㄷ | 더럽게 물들다. | _____ |

독해력 기르기

01 다음 설명에 해당하는 낱말을 빈칸에 쓰세요.

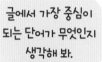

글에서 가장 중심이 되는 단어가 무엇인지 생각해 봐.

새로 생긴 말로, 주로 인터넷에서 만들어지고 사용한다.

| | | |

02 찬성과 반대의 입장에 대한 알맞은 근거를 찾아 선으로 이으세요.

(1) 신조어 사용에 찬성한다. •

(2) 신조어 사용에 반대한다. •

• (가) 어른들과 대화가 통하지 않을 수 있다.

• (나) 말하려는 내용을 쉽고 빠르게 전달할 수 있다.

• (다) 우리말이 오염되고 훼손된다.

• (라) 또래 친구와 더욱 친해질 수 있다.

03 ㉠의 예로 알맞은 것을 골라 ○ 하세요.

(1) '닥새기'는 '달걀'을 뜻하는 말로, 제주도에서 사용하는 사투리이다. (   )

(2) '노답'은 영어 'NO'에 우리말 '답'을 합해 '답이 없다.'라는 뜻으로 사용하는 신조
어이다.   (   )

04 신조어 사용에 대한 형욱의 생각과 비슷한 친구에 ○ 하세요.

(1)
신조어는 맞춤법에
맞지 않는 표현이 많아. 이렇게
신조어를 쓰는 사람이 점점 늘어나면
우리말과 글이 훼손될 거야.

(2)
신조어를 잘 쓰면 친구들에게
인기를 얻을 수 있어. 그리고
어른들이 신조어를 모른다고 하면
알려 주면서 대화하면 되잖아.

05 이 글의 내용을 요약했어요. 빈칸에 들어갈 알맞은 말을 쓰세요.

①☐☐☐를 써도 될까?

신조어 사용에 ②☐☐한다.
신조어를 사용하면 말하려는 내용을 쉽고 빠르게 전달할 수 있고, 또래 친구와 더욱 친해질 수 있다.

신조어 사용에 ③☐☐한다.
신조어를 사용하면 어른들과 대화가 통하지 않을 수 있고, 우리말이 오염되고 훼손될 수 있다.

① _____   ② _____   ③ _____

 포함하는 **말**

주어진 말에 포함될 수 <u>없는</u> 말을 찾아 ✕ 하세요.

우리말

순우리말	한자어	외래어
우리말 가운데 옛날부터 써 온 토박이말.	한자에 기초하여 만들어진 말.	다른 나라에서 들어와 우리말처럼 쓰이는 말.

순우리말	한자어	외래어
사랑	학교	하늘
샤프	학생	컴퓨터
꿈	커피	버스

올바른 띄어쓰기

다음 문장을 바르게 띄어 써 보세요.

> 낱말과 낱말은 띄어 써야 해. 하지만 '은/는', '이/가', '을/를'은 앞말과 붙여 써.

동생이신조어를썼다. ➡

☐☐☐☐☐☐☐☐☐☐☐☐☐☐

엄마는운동을잘한다. ➡

☐☐☐☐☐☐☐☐☐☐☐☐☐☐

토픽 한 줄 정리   신조어에 대해 너는 어떻게 생각하니?

☐ 신조어를 써도 된다.   ☐ 신조어를 쓰면 안 된다.

왜냐하면 _____

동물과도 말을 할 수 있을까?
궁금하면 다음 장을 넘겨 봐! >>>>>

돌리틀 선생 이야기

옛날에 영국의 작은 마을에 존 돌리틀이라는 훌륭한 의사가 살고 있었어요. 어느 날 돌리틀 선생이 키우던 앵무새 폴리네시아가 말했어요.

"사람 대신 동물을 돌봐 주는 건 어때요? 선생님은 동물을 사랑하잖아요. 동물들은 선생님이 최고의 의사라는 걸 바로 알 거예요. 그런데 선생님, 동물들도 말을 한다는 건 알고 계시죠?"

"응, 앵무새가 말을 한다는 건 알고 있지."

"앵무새들은 사람 말과 앵무새 말, 두 가지 말을 해요. 제가 '과자가 먹고 싶어요.'라고 하면 무슨 뜻인지 알겠죠. 그런데 '카-카 오이 피-이'라고 말하면 어때요?"

"그게 무슨 말이지?"

"새들의 말로 '죽이 여전히 뜨겁니?'라는 뜻이에요."

돌리틀 선생은 새들의 말에 푹 빠져 재빨리 종이와 연필을 가져왔어요.

㉠"새들의 말이라니, 정말 신기하구나! 폴리네시아, 하나하나 가르쳐 다오."

돌리틀 선생은 동물들도 저마다의 말이 있어 서로 이야기를 나눈다는 것을 알게 되었어요. 비 내리는 오후, 폴리네시아가 돌리틀 선생에게 새의 말을 가르쳐 주고 있었어요. 그때 개 지프가 꼬리를 흔들며 옆으로 왔어요.

"지금 지프가 선생님께 말을 하고 있어요."

"말을 한다고? 지프는 그냥 귀를 긁고 있는데?"

㉡"선생님, 동물들은 말할 때 귀나, 발, 꼬리도 써요. 지프가 콧구멍을 벌렁거리고 있죠? '비가 그친 것을 아세요?'라고 말하는 거죠. 개들은 질문할 때 코를 써요."

돌리틀 선생이 동물 말을 한다는 소문이 나자 개나 말, 소 같은 가축뿐만 아니라 들쥐, 오소리 같은 야생 동물도 아프면 돌리틀 선생을 찾아왔어요. 돌리틀 선생은 수의사가 되어서 아주 행복했어요.

어휘 **알기**   색칠한 낱말과 초성을 보고 뜻풀이에 알맞은 낱말을 ___에 쓰세요.

| ㅅ | ㅁ | 사람들 입에 오르내려 전하여 들리는 말.   _____

| ㅅ | ㅇ | ㅅ | 아픈 동물을 진찰하고 치료하는 사람.   _____

| ㅇ | ㅁ | ㅅ | 더운 지방의 숲에 사는 새. 사람의 말을 잘 흉내 내고, 집에서 기르기도 한다.   _____

독해력 **기르기**

01   이 글에서 가장 중심이 되는 인물을 모두 골라 ○ 하세요.

> 돌리틀 선생   들쥐   폴리네시아   지프   오소리

02   이 글의 내용으로 알맞지 <u>않은</u> 것을 모두 고르세요. (,   )

① 돌리틀 선생은 동물의 말을 배워 수의사가 되었다.
② 돌리틀 선생은 폴리네시아에게 동물의 말을 배웠다.
③ 수의사가 된 돌리틀 선생을 찾아오는 동물들은 없었다.
④ 폴리네시아는 사람과 앵무새가 쓰는 말을 모두 할 수 있다.
⑤ 폴리네시아는 돌리틀 선생에게 동물을 치료하는 방법을 알려 주었다.

03   ㉠을 말할 때 돌리틀 선생의 모습을 바르게 짐작한 것에 ○ 하세요.

(1) 신나고 설레는 목소리로 말했을 것이다.   (   )

(2) 부끄러운 듯 수줍어하는 목소리로 말했을 것이다.   (   )

04 폴리네시아가 말한 ㉡의 뜻은 무엇인지 알맞은 것에 ○ 하세요.

(1) 동물들은 말할 때 귀, 발, 꼬리만 쓴다. (　　　)

(2) 동물들은 말할 때 몸의 여러 부분을 사용한다. (　　　)

05 이 글 뒤에 이어질 내용을 바르게 짐작한 친구의 이름을 쓰세요. (　　　　　　　)

> **아현:** 돌리틀 선생이 동물 말을 알아듣자, 아프거나 위험에 처한 동물이 도움을 청하면서 돌리틀 선생은 흥미로운 모험을 하게 될 것 같아.
>
> **정국:** 돌리틀 선생이 동물 말을 할 수 있으니 동물을 잘 훈련시킬 수 있잖아. 그러니 서커스단을 만들어 동물들을 돈벌이로 삼았을 것 같아.

> 이어질 장면을 짐작할 때는 앞의 내용과 잘 연결되는지, 인물의 성격과 잘 어울리는지 생각해 봐.

06 이 글의 내용을 요약했어요. 빈칸에 들어갈 알맞은 말을 쓰세요.

> 영국의 한 마을에 ① ☐☐☐ 선생이라는 의사가 살았다. 돌리틀 선생이 키우는 ② ☐☐☐ 폴리네시아는 돌리틀 선생에게 ③ ☐☐☐가 되어 보라고 했다. 그리고 돌리틀 선생에게 새의 말뿐만 아니라 다른 동물들이 어떻게 말을 하는지 가르쳐 주었다. 돌리틀 선생이 동물의 말을 한다는 소문이 나자 아픈 동물들이 치료를 받으러 돌리틀 선생을 찾아왔다.

① ＿＿＿＿＿＿＿　　② ＿＿＿＿＿＿＿　　③ ＿＿＿＿＿＿＿

📖 포함하는 말

다른 말을 포함하는 말을 빈칸에 쓰세요.

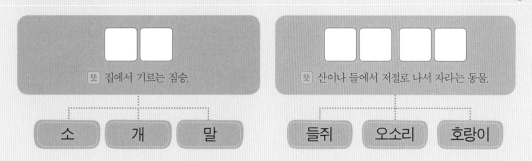

뜻 집에서 기르는 짐승.

소   개   말

뜻 산이나 들에서 저절로 나서 자라는 동물.

들쥐   오소리   호랑이

📖 합쳐진 말

두 낱말을 합쳐 빈칸에 알맞은 말을 쓰세요.

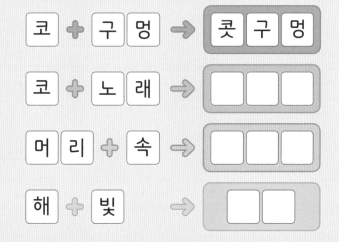

코 ➕ 구멍 → 콧 구 멍

코 ➕ 노래 → ⬜⬜⬜

머 리 ➕ 속 → ⬜⬜⬜

해 ➕ 빛 → ⬜⬜

두 낱말을 합해 새로운 낱말을 만들 때, 두 낱말 사이에 'ㅅ' 받침을 넣는 경우가 있어. '코'와 '구멍'이 합쳐져 '콧구멍'이 되는 것처럼 말이야.

토픽 한 줄 정리   너는 어떤 동물의 말을 배우고 싶니?

☐ 모기   ☐ 비둘기   ☐ 햄스터   ☐ _____

왜냐하면 _____

 말을 모으는 사람들이 있다고? 궁금하면 다음 장을 넘겨 봐! >>>>>

말모이 대작전

'말모이'라고 들어 본 적이 있나요? 말모이는 '말을 모으다.'라는 뜻의 순우리말이자, 일제 강점기에 만들려고 했던 우리말 사전의 이름이에요.

1910년, 우리나라를 강제로 빼앗은 일본은 우리나라의 말과 글을 없애려고 했어요. 한글 연구와 교육에 힘쓰던 주시경 선생님은 우리말을 지키려고 우리말 사전인 '말모이'를 만들기로 했어요. 그래서 일본의 감시를 피해 비밀리에 말을 모았어요. 말모이 대작전이 펼쳐진 거죠. ㉠여러 지역의 교사와 학생들은 일상에서 쓰는 말을 조사해서 보내왔어요. 전국에서 온 편지가 사무실에 잔뜩 쌓일 정도였어요. 하지만 주시경 선생님이 세상을 떠나면서 우리말 사전은 아쉽게 완성되지 못했어요.

15년 후 주시경 선생님의 뜻을 이어받은 조선어 학회 사람들이 우리말 사전을 다시 만들기 시작했어요. 한글 맞춤법과 표준어는 정리가 되었지만, 전국의 사투리는 다시 모아야 했어요. 말모이가 다시 필요해진 거죠. 조선어 학회에서는 『한글』이라는 잡지에 사투리를 모은다는 광고를 냈어요. 이 광고가 나간 뒤 전국 방방곡곡에서 편지가 밀려들었어요. ㉡남녀노소 할 것 없이 많은 사람들이 적극적으로 자신이 사는 지역의 말을 기록하고, 뜻을 꼼꼼하게 풀이해서 보냈어요.

일제의 탄압으로 결국 우리말 사전을 완성하지는 못했지만 이때 모은 자료는 해방 후에 국어사전을 만드는 밑바탕이 되었어요. 말모이 대작전에 참여해 우리말을 지키려고 했던 많은 사람을 떠올려 보세요. 우리의 말과 글이 더욱 소중하게 느껴질 거예요.

▲ 말모이 원고

어휘 알기 색칠한 낱말과 초성을 보고 뜻풀이에 알맞은 낱말을 ___에 쓰세요.

| ㅌ ㅇ | 힘이나 권력으로 많은 사람을 눌러 꼼짝 못하게 하는 것. | _____ |

| ㅅ ㅌ ㄹ | 어느 한 지역에서만 쓰는 말. | _____ |

| ㅍ ㅈ ㅇ | 한 나라의 모든 국민이 쓰기로 정한 말. | _____ |

| ㄱ ㅇ ㅅ ㅈ | 우리말을 모아 차례대로 늘어놓고 뜻과 쓰임새를 풀이한 사전. | _____ |

독해력 기르기

01 '말모이'에 대한 설명으로 알맞으면 ○, 알맞지 않으면 ✕ 하세요.

(1) '말을 모으다.'라는 뜻의 순우리말이다.   (   )

(2) 조선어 학회에서 만든 일본어 사전의 이름이다.   (   )

(3) 일제 강점기에 만들려고 했던 우리말 사전의 이름이다. (   )

02 이 글에 대한 내용으로 알맞지 <u>않은</u> 것은 무엇인가요? (   )

① 일본은 우리말 사전을 만드는 데 많은 도움을 주었다.

② 주시경 선생님은 말모이 사전을 만들다가 세상을 떠났다.

③ 주시경 선생님은 우리말 사전을 만들어 우리말을 지키려고 했다.

④ 전국의 많은 사람들이 우리말 사전을 만들기 위해 말모이에 참여했다.

⑤ 조선어 학회는 『한글』이라는 잡지에 사투리를 모은다는 광고를 냈다.

03 ㉠과 ㉡을 통해 알 수 있는 사실에 ○ 하세요.

(1) 전국의 많은 사람이 실제로 쓰는 말을 모아 말모이에 참여했다. (　　　)

(2) 일본의 감시가 무서워 실제로 말모이에 참여하는 사람은 별로 없었다. (　　　)

04 이 글을 읽고 생각하거나 느낀 점을 바르게 말하지 <u>못한</u> 친구의 이름을 쓰세요.

(　　　　　　)

소연: 전국의 많은 사람이 우리말 사전에 애정을 갖고 참여했다는 것이 뜻깊은 일이라고 생각해.

우영: 우리 국민들은 일본에 맞서 나라를 지키려는 마음으로 말모이에 참여한 거라고 생각해.

진태: 일본의 감시가 심했던 시기에 우리말 사전을 만들려고 했다니, 너무 위험하고 어리석은 일이었다고 생각해.

05 이 글의 내용을 요약했어요. 빈칸에 들어갈 알맞은 말을 쓰세요.

첫 번째 말모이 대작전

주시경 선생님은 우리말 사전인 ①'□□□'를 만들려고 했다. 많은 사람이 일상에서 쓰는 말을 보내 줬지만 주시경 선생님이 돌아가시며 우리말 사전은 완성되지 못했다.

↓

두 번째 말모이 대작전

②□□□ □□에서 다시 우리말 사전을 만들려고 했다. 많은 사람이 지역에서 쓰는 말을 보내 주었으나 일제의 탄압으로 사전을 완성하지 못했다.

↓

해방 후

우리말 사전의 자료는 ③□□□□을 만드는 밑바탕이 되었다.

① _____　　　② _____　　　③ _____

뜻을 더하는 말

빈칸에 알맞은 말을 쓰세요.

대-	
어떤 낱말 앞에 붙어 '큰, 위대한, 훌륭한'의 뜻을 더한다.	

＋

작전 자연 가족

보름 잔치

대 ☐ ☐	대 ☐ ☐	대 ☐ ☐
넓고 큰, 위대한 자연.	식구 수가 많은 가족.	기쁜 일이 있을 때 크게 벌이는 잔치.

한자 성어

글자를 모아 한자 성어를 완성하세요.

방
노
소 전
젊 곡

남 녀 ☐ ☐
뜻 남자와 여자, 늙은이와 젊은이란 뜻으로, 모든 사람을 이르는 말.

방 ☐ 곡 ☐
뜻 한 군데도 빠짐이 없는 모든 곳.

토픽 한 줄 정리

네가 생활에서 주로 쓰는 말을 모아 볼래?

☐ 집에서   ☐ 학교에서   ☐ 놀이터에서

나의 말모이는 _____

 발표할 때마다 떨린다고? 그럼, 어떻게 할까? 다음 장을 넘겨 봐! >>>>

발표 울렁증을 없애고 싶어

20○○년 ○월 ○일 ○요일 날씨: 봄이지만 꽃샘추위가 와서 추웠음.

새 학기가 되어 자기소개를 하는 시간이 있었는데 너무 긴장해서 발표를 망쳤다. 평소에 친구들과 이야기하는 건 괜찮은데 발표할 때만 되면 말을 잘 못하겠다. 더 이상 발표 울렁증 때문에 실수하기 싫어 인터넷으로 ㉠발표를 잘하는 방법을 조사해 보았다.

먼저, 발표할 때의 마음가짐이 중요하다. '떨려서 말을 못하겠어.'라고 생각하는 순간 자신감을 잃어 당당하게 말할 수 없다. 마음속으로 '나는 할 수 있다.'라고 되새기면서 자신을 믿는 마음을 가져야 한다.

발표 준비와 연습이 필요하다. 발표 준비가 부족하면 더 떨리기 때문에 발표할 내용을 미리 조사하고, 어떻게 말할지 글로 정리해 놓는다. 거울이나 가족들 앞에서 발표하는 연습을 여러 번 하면 더욱 자신감을 가질 수 있다.

발표하는 태도도 중요하다. ㉡발표할 때 허리와 가슴은 쭉 펴고, 다리를 어깨만큼 벌리면 안정감이 생긴다. 그리고 아무리 발표를 잘해도 목소리가 작으면 소용없으니 평소 말하는 것보다 조금 더 크게 말하도록 노력한다.

영국의 수상이었던 윈스턴 처칠도 말더듬이에 부끄러움을 타는 성격이었지만 꾸준한 연습으로 뛰어난 연설가가 되었다고 한다. 나도 차근차근 발표 실력을 키운다면 여러 사람 앞에서 자신 있게 발표할 수 있을 것이다.

어휘 알기 색칠한 낱말과 초성을 보고 뜻풀이에 알맞은 낱말을 ___에 쓰세요.

| ㅈ | ㅅ | 어떤 것을 정확하게 알아내려고 자세히 살피는 것. | _____ |

| ㅇ | ㄹ | ㅈ | 가슴이 울렁울렁하는 증세. | _____ |

| ㅇ | ㅅ | ㄱ | 여러 사람 앞에서 자기 생각이나 주장을 잘 말하는 사람. | _____ |

독해력 기르기

01 이 글에 대한 설명으로 알맞은 것은 무엇인가요? (   )

① 발표를 망쳤던 경험에 대해 쓴 일기이다.

② 발표를 잘하는 인물을 소개하는 글이다.

③ 발표의 좋은 점에 대해 설명하는 글이다.

④ 발표를 잘하는 방법에 대해 조사하여 쓴 일기이다.

⑤ 수업 시간에 발표를 적극적으로 하자고 제안하는 글이다.

02 글쓴이가 ㉠을 조사한 까닭으로 알맞은 것을 골라 ○ 하세요.

(1) 앞으로 바르고 고운 말을 써야겠다는 생각이 들어서   (   )

(2) 앞으로 발표할 때 실수하면 안 되겠다는 생각이 들어서   (   )

03 이 글에서 발표를 잘하는 방법으로 소개한 내용이 <u>아닌</u> 것의 기호를 쓰세요. (   )

> ㉮ 특별히 잘 보이려고 평소보다 화려한 옷을 입는다.
> ㉯ 잘할 수 있다고 되새기면서 자신을 믿는 마음을 가진다.
> ㉰ 발표할 내용을 미리 글로 쓰고, 발표하는 연습을 해 본다.

04 ㉡의 발표 태도로 알맞은 모습에 ○ 하세요.

(1) 　　　　(2)

05 이 글을 읽고 자신의 생각을 바르게 말하지 <u>못한</u> 친구의 이름을 쓰세요.

(　　　　　)

나은: 실제로 겪은 이야기는 아니지만 감동적이었어.
선미: 나도 발표할 때마다 긴장해서 발표를 망치곤 하는데 이 글이 많은 도움
　　　이 되었어.
자연: 발표를 잘하지 못한다고 포기하지 않고, 잘할 수 있는 방법을 찾으려는
　　　글쓴이의 태도가 멋져 보였어.

06 이 글의 내용을 요약했어요. 빈칸에 들어갈 알맞은 말을 쓰세요.

발표 울렁증 때문에 실수를 하기 싫어서 ①□□를 잘하는 방법을 조사하였
다. 발표를 잘하려면 발표할 때의 ②□□□□이 중요하다. 잘할 수 있다
는 생각으로 자신을 믿는 마음을 가져야 한다. 발표 준비와 연습이 필요하다.
발표할 내용을 미리 조사하여 글로 써 두고, 가족들 앞에서 발표하는 연습을
하면 자신감을 가질 수 있다. 발표 ③□□도 중요하다. 허리와 가슴은 쭉
펴고, 평소 목소리보다 조금 더 크게 말하도록 한다.

① _____　② _____　③ _____

뜻이 비슷한 말

뜻이 나머지와 다른 하나를 골라 ○ 하세요.

(1) 뛰어나다 ～ 빼어나다 ～ 훌륭하다 ～ 자랑하다

(2) 이야기하다 ～ 말하다 ～ 질문하다 ～ 대화하다

(3) 노력하다 ～ 애쓰다 ～ 치우다 ～ 힘쓰다

합쳐진 말

두 낱말을 합해 뜻에 알맞은 말을 빈칸에 쓰세요.

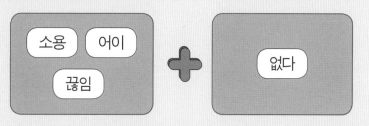

소용 · 어이 · 끊임 ＋ 없다

|□|□|없|다|
아무런 쓸모나 득이 될 것이 없다.

|□|□|없|다|
일이 너무 뜻밖이어서 놀라거나 기가 막히다.

|□|□|없|다|
어떤 일이 그치지 않고 줄곧 이어지다.

토픽 한 줄 정리

발표를 잘하는 너만의 비법이 있니?

☐ 목소리는 크게, 자세는 당당하게!   ☐ 잘할 수 있다는 자신감 갖기!

그리고 _____

프로메테우스의 불

신들의 왕이 된 제우스는 프로메테우스와 에피메테우스 두 형제에게 생명체를 만들게 했어요. 프로메테우스는 인간과 동물을 만들고, 에피메테우스는 인간과 동물이 살아가는 데 필요한 능력을 나눠 주기로 했어요. 프로메테우스는 동물을 만든 뒤 마지막으로 인간을 정성스럽게 만들고 있었어요. 그런데 에피메테우스가 동물들에게 훨훨 나는 날개, 날카로운 이빨과 발톱, 힘센 팔과 다리 등 특별한 능력을 모두 주었어요. 인간에게 줄 능력은 남아 있지 않았어요. 프로메테우스는 하늘로 올라가 제우스에게 부탁했어요.

"인간들에게 불을 나누어 주십시오."

제우스는 버럭 소리쳤어요.

"불은 신들의 것이다. 인간에게 불을 넘겨주어선 절대 안 된다."

그러나 프로메테우스는 인간이 너무 딱했어요. 인간에게도 자신을 보호할 것이 하나는 꼭 필요하다고 생각했어요. 그래서 제우스의 번개에서 불씨를 훔쳐 인간들에게 건네주었어요. 불을 얻게 된 인간들은 맹수를 물리치고, 불을 이용해 여러 도구를 만들었어요. 인간은 땅에서 가장 강하게 되었지요.

제우스는 너무 화가 나서 프로메테우스에게 벌을 내렸어요. 코카서스 바위에 프로메테우스를 아주 강하고 단단한 쇠사슬로 묶어 두고 독수리에게 명령했어요.

"프로메테우스의 간을 쪼아 먹어라!"

㉠독수리가 쪼아 먹은 프로메테우스의 간은 밤새 새로 자랐어요. 다음 날이 되면 독수리가 다시 날아와 프로메테우스의 간을 쪼아 먹었어요. 인간에게 불을 주었다는 이유로 프로메테우스는 영원히 간을 쪼아 먹히는 벌을 받았어요. 하지만 프로메테우스는 인간에게 불을 전해 준 일을 후회하지 않았어요.

어휘 알기 색칠한 낱말과 초성을 보고 뜻풀이에 알맞은 낱말을 ___에 쓰세요.

| ㅁ | ㅅ | 다른 짐승을 잡아먹고 사는 힘세고 사나운 짐승. | ＿＿＿＿＿＿＿ |

| ㅅ | ㅁ | ㅊ | 생명이 있는 것. | ＿＿＿＿＿＿＿ |

| ㅈ | ㅇ | ㅅ | 그리스 신화에 나오는 여러 신 가운데 가장 높은 신. | ＿＿＿＿＿＿＿ |

독해력 기르기

01 프로메테우스와 에피메테우스가 한 일로 알맞은 것을 찾아 선으로 이으세요.

(1) 프로메테우스 •

(2) 에피메테우스 •

• (가) 동물에게 특별한 능력을 모두 나눠 주었다.

• (나) 인간과 동물을 만들었다.

02 프로메테우스가 인간에게 불씨를 건네준 까닭에 ○ 하세요.

(1) 인간도 신들처럼 뛰어난 능력을 가져야 한다고 생각해서 　(　　　)

(2) 인간에게도 자신을 보호할 능력이 있어야 한다고 생각해서 (　　　)

03 인간은 불을 얻은 뒤 어떻게 달라졌나요? 알맞으면 ○, 알맞지 않으면 ✕ 하세요.

(1) 여러 도구를 만들었다. 　　　　　　(　　　)

(2) 땅에서 가장 강하게 되었다. 　　　　(　　　)

(3) 힘센 팔과 다리를 갖게 되었다. 　　(　　　)

(4) 사나운 맹수를 물리칠 수 있게 되었다. (　　　)

04 ㉠을 통해 짐작할 수 있는 내용은 무엇인지 알맞은 것에 ○ 하세요.

(1)
프로메테우스는 매일매일
간을 쪼아 먹히는
고통을 당할 것이다.

(2)
프로메테우스의 간은
매일 새로 자라기 때문에
큰 고통을 느끼지 않을 것이다.

05 이 글을 읽고 프로메테우스에 대해 바르게 말한 친구에 ○ 하세요.

(1)
인간이 사용하지도
못하는 불을 전해 주다니,
프로메테우스는 너무
어리석은 행동을 했어.

(2)
제우스의 반대를 무릅쓰고
불씨를 인간에게 전해 주다니,
프로메테우스는 인간을 많이
아꼈나 봐.

06 이 글의 내용을 요약했어요. 빈칸에 들어갈 알맞은 말을 쓰세요.

① ☐☐☐☐☐☐☐는 인간과 동물을 만들었다. 그런데 동생 에피메테우스가 동물에게 특별한 능력을 모두 주어 인간에게 줄 능력이 남지 않았다. 그러자 프로메테우스는 제우스의 반대에도 불구하고 ② ☐☐를 훔쳐 인간에게 주었다. 그 덕분에 인간은 땅에서 가장 강하게 되었지만, 프로메테우스는 독수리에게 매일 ③ ☐을 쪼아 먹히는 벌을 받게 되었다.

① _____   ② _____   ③ _____

모양이 같은 말

밑줄 친 말의 뜻을 찾아 선으로 이으세요.

(1)

벌을 받다.

(2)

벌이 날다.

(3)

옷 한 벌이 있다.

(개)
꽃에서
꿀과 꽃가루를
모으는 곤충.

(나)
티셔츠, 바지,
원피스, 외투 등의
옷을 세는 단위.

(대)
죄나 잘못을
저지른 사람에게
주는 괴로운 일.

준말

밑줄 친 말을 바르게 줄인 것에 ○ 하세요.

(1) 인간에게 불을 <u>넘겨주었다</u>. → [넘겨줬다] [넘겨졌다]

(2) 동물에게 능력을 <u>나누어</u> 주었다. → [나너] [나눠]

(3) 불씨를 훔쳐 인간에게 <u>건네주었다</u>. → [건네줬다] [건네졌다]

낱말에서 모음 'ㅜ'와
'ㅓ'가 만나면 'ㅝ'로
줄여 쓰기도 해.
'주었다'의 준말은
'줬다'가 되는 거지.

토픽 한 줄 정리

네가 에피메테우스라면 인간에게 어떤 능력을 주고 싶니?

☐ 훨훨 나는 날개　　☐ 힘센 팔과 다리　　☐ 물속에서 숨 쉬는 능력

그리고 _____

인간은 언제부터 불을 쓰게 되었을까?
궁금하면 다음 장을 넘겨 봐! >>>>>

놀라운 발견, 불

먼 옛날에 인간은 불을 두려워했어요. 하지만 시간이 흐르면서 인간은 불에 대단한 힘이 있다는 걸 알게 되었고, 불을 이용하기 시작했지요. 인간은 불을 이용하면서 어떻게 달라졌을까요?

가 불은 인간이 사는 지역을 넓혔어요. 인간은 불을 사용하기 전에는 따뜻한 지역에서만 살았어요. 추운 지역에 가면 추위 때문에 얼어 죽을 수도 있기 때문이에요. 하지만 불을 사용하면서 인간은 어디든 갈 수 있게 되었어요. 그래서 따뜻한 아프리카 지역에서만 살던 인간들은 세계 곳곳으로 퍼져 나가 살게 되었지요.

나 불은 인간을 튼튼하게 해 주었어요. 불을 사용하기 전에는 인간도 야생 동물처럼 생고기를 먹었어요. 하지만 생고기를 불로 익히자 나쁜 세균은 다 죽고, 고기도 부드러워져 소화가 잘되었어요. 음식을 익혀 먹자 영양 상태가 좋아져 이런저런 병들이 줄어들었어요. 몸은 더 건강해지고, 뇌도 발달해 더욱 똑똑해졌어요.

다 불은 다양한 도구를 만들게 해 주었어요. 불의 사용으로 똑똑해진 인간은 흙을 불에 구우면 단단해진다는 것을 알아내어 토기를 만들었어요. 또, 금, 은, 구리 같은 금속을 불에 녹여 필요한 물건을 만들었어요. 금속으로 쟁기와 도끼 같은 농기구, 칼과 창 같은 무기, 왕관과 목걸이 같은 장신구를 만들며 인간의 생활은 크게 발전했지요.

불은 온기와 빛을 주고, ㉠인간이 진화하게 도와주었어요. 불이야말로 인간이 발견한 최고의 선물이 아닐까요?

어휘 알기 색칠한 낱말과 초성을 보고 뜻풀이에 알맞은 낱말을 ___에 쓰세요.

| ㅇ | ㄱ | 따뜻한 기운. | _____ |

| ㅈ | ㅎ | 어떤 것이 점점 더 나아지는 것. | _____ |

| ㅅ | ㄱ | 몸이 세포 하나로 된 작은 생물. 다른 생물체에 병을 일으키기도 하고 발효 등의 작용도 한다. | _____ |

독해력 기르기

01 이 글에 대한 설명으로 알맞은 것에 ○ 하세요.

(1) 상상을 바탕으로 꾸며 쓴 글이다.   (   )

(2) 어떤 지식이나 정보를 전달하는 글이다.   (   )

(3) 자기 생각이나 주장을 밝혀 다른 사람을 설득하는 글이다. (   )

02 불을 사용하기 전과 사용한 후에 인간의 생활이 어떻게 바뀌었는지 관련 있는 것끼리 알맞게 선으로 이으세요.

| 불을 사용하기 전 | | 불을 사용한 후 |

(1) 아프리카 같은 따뜻한 지역에서만 살았다.   •

(2) 세균이 많은 생고기를 먹어 병에 쉽게 걸렸다.   •

(3) 돌이나 나무로 도구를 만들어 썼다.   •

• (가) 음식을 익혀 먹자 영양 상태가 좋아져 건강해졌다.

• (나) 금속으로 다양한 도구를 만들게 되었다.

• (다) 전 세계 곳곳으로 퍼져 나가 살게 되었다.

03　🔲 문단에 제시할 사진 자료로 알맞지 <u>않은</u> 것에 ○ 하세요.

(1)

민무늬 토기

(2)

청동 도끼

(3)

고인돌

04　㉠과 거리가 <u>먼</u> 내용을 말하는 친구의 이름을 쓰세요. (　　　　　　)

> 지영: 인간은 중요한 일이 있을 때마다 불을 피우며 불을 신으로 섬겼어.
> 주은: 불의 사용으로 똑똑해진 인간은 생활에 편리한 다양한 도구를 만들어
> 　　　냈어.
> 단비: 인간은 불을 사용하면서 동물과 다름없던 생활에서 차츰 벗어나 발전된
> 　　　생활을 하게 되었어.

05　이 글의 내용을 요약했어요. 빈칸에 들어갈 알맞은 말을 쓰세요.

처음	인간은 ①▢을 이용하면서 발전을 이루었다.
가운데	• 불을 사용하면서 인간은 추운 지역에서도 살 수 있게 되었다. 그래서 인간은 전 세계 곳곳으로 퍼져 나가 살게 되었다. • 불을 사용하면서 인간은 ②▢▢을 익혀 먹게 되었다. 병이 줄어들어 건강해지고, 뇌도 발달해 똑똑해졌다. • 불을 사용하면서 인간은 다양한 ③▢▢를 만들게 되었다. 흙을 구워 토기를 만들고, 금속으로 농기구, 무기 등을 만들었다.
끝	불은 인간이 발견한 최고의 선물이다.

① ＿＿＿＿＿＿　② ＿＿＿＿＿＿　③ ＿＿＿＿＿＿

어휘력 더하기

낱말의 뜻

뜻에 알맞은 낱말을 글자판에서 찾아 묶고, 해당 번호를 쓰세요.

토	기	새	생
번	밥	금	고
갯	그	릇	기
불	균	소	화

① 말리거나 익히거나 가공하지 않은 고기.
② 삼킨 음식을 몸속에서 분해하는 작용.
③ 원시 시대에 쓰던, 흙으로 만든 그릇.

성질이나 상태를 나타내는 말

온도의 차이에 따른 알맞은 말을 빈칸에 쓰세요.

덥다
대기의 온도가 보통 이상으로 높다.

춥다
대기의 온도가 낮아서 날씨가 차다.

따뜻하다
덥지 않을 정도로 온도가 알맞게 높다.

서늘하다
물체의 온도나 기온이 꽤 찬 느낌이 있다.

◀ 온도가 낮음 ⬛⬛⬛⬛ ⬛⬛⬛⬛ 온도가 높음 ▶

| | → | 서늘하다 | → | 따뜻하다 | → | |

토픽 한 줄 정리

불의 좋은 점과 위험한 점은 무엇일까?

불은 이런 점이 좋아!	불은 이런 점이 위험해!

 강물을 비싸게 판 사람이 있대. 누구일까?
궁금하면 다음 장을 넘겨 봐! >>>>>

강물을 판 봉이 김 선달

옛날 평양에 봉이 김 선달이라는 사람이 살았어요. 배짱이 좋고 재치와 지혜가 아주 뛰어난 사람이었지요. 김 선달은 한양의 장사꾼들이 평양에 와서 싸구려 물건을 비싸게 팔아먹을 궁리를 한다는 것을 알게 되었어요.

'한양에서 왔다고 평양 사람을 우습게 보는구나! ㉠어디 골탕 좀 먹여 볼까?'

김 선달은 바로 대동강에 가서 물장수들을 만났어요. 대동강 물은 맑고 시원해서 양반가에 물을 길어다 주는 물장수들이 많이 모여 있었거든요.

"내가 엽전을 미리 줄 테니 며칠 동안 물을 길어 갈 때마다 나에게 한 냥씩 주게나. 그렇게만 해 준다면 한턱 크게 내겠네."

물장수들은 영문을 몰랐지만 웬 떡이냐 싶어 순순히 고개를 끄덕였어요. 그리고 다음 날부터 약속한 대로 물을 길어 갈 때마다 강가에 앉아 있는 김 선달에게 엽전을 냈어요. 물론 김 선달이 미리 준 엽전이지요. 이 모습을 본 한양의 장사꾼들은 대동강이 김 선달의 것이어서 물장수들이 엽전을 내는 거라고 착각했어요.

한양의 장사꾼들은 김 선달에게 대동강을 사고 싶었어요. 강물은 마를 일이 없으니 자자손손 떼돈을 벌 거라 생각한 거죠. 한양의 장사꾼들은 김 선달을 어르고 달래서 수천 냥을 주고 대동강을 샀어요. 다음 날부터 한양의 장사꾼들은 물을 길으러 온 물장수들에게 주인 행세를 했어요. 물장수들은 어이없다는 듯 말했지요.

"아니, 강물에 주인이 어디 있소? 강은 온 백성의 것이오. 정신 차리고 썩 돌아가시오!"

한양의 장사꾼들은 그제야 김 선달에게 속은 것을 알아차렸어요. 하지만 김 선달에게 어리숙하게 당한 것이 부끄러워 얼른 한양으로 돌아갔지요. 김 선달은 한양의 장사꾼들에게 받은 돈을 물장수와 가난한 백성들에게 나누어 주었다고 해요.

어휘 알기 색칠한 낱말과 초성을 보고 뜻풀이에 알맞은 낱말을 ___에 쓰세요.

| ㄱ | ㅌ | 일부러 남을 곤란하게 하는 일.   _____

| ㅂ | ㅉ | 어떤 일에 겁 없이 나서는 태도.   _____

| ㅅ | ㄷ | 조선 시대에 과거에 급제하였으나 아직 벼슬을
받지 못한 사람을 이르던 말.   _____

독해력 기르기

01 이 글의 주인공은 어디에 사는 누구인지 빈칸에 알맞은 말을 쓰세요.

☐ ☐ 에 사는 봉이 ☐ ☐ ☐

02 김 선달이 한양의 장사꾼들에게 ㉠과 같은 생각을 한 까닭으로 알맞은 것을 모두 골라 ○ 하세요.

(1) 평양 사람들의 형편을 모르고 비싼 물건을 팔려고 해서   (   )

(2) 평양 사람들에게 싼 물건을 비싸게 팔려고 한다는 것을 알고서 (   )

(3) 평양 사람들을 우습게 보는 것 같아서   (   )

03 이 글에 나온 한양의 장사꾼들의 모습으로 알맞은 것은 무엇인가요? (   )

① 성격이 급하고 사납다.   ② 배려심이 많고 현명하다.

③ 흥이 많고 게으르다.   ④ 화를 잘 내고 예의가 없다.

⑤ 욕심이 많고 어리석다.

04 김 선달이 한양의 장사꾼들을 속인 과정을 순서대로 기호를 쓰세요.

> ㉮ 김 선달이 물장수들에게 미리 엽전을 나눠 주었다.
> ㉯ 한양의 장사꾼들은 김 선달에게 수천 냥을 내고 대동강을 샀다.
> ㉰ 한양의 장사꾼들은 대동강이 김 선달의 것이라고 착각을 했다.
> ㉱ 물장수들은 대동강의 물을 길어 갈 때마다 김 선달에게 엽전을 냈다.

(㉮) ⇢ ( ) ⇢ ( ) ⇢ ( )

05 이 글의 교훈으로 알맞지 <u>않은</u> 것에 ✕ 하세요.

(1) 다른 사람을 업신여기면 큰코다칠 수 있다. ( )

(2) 눈앞의 이익에 눈이 멀면 어리석은 판단을 할 수 있다. ( )

(3) 남이 나를 나쁘게 대해도 친절을 베풀 줄 알아야 한다. ( )

06 이 글의 내용을 요약했어요. 빈칸에 들어갈 알맞은 말을 쓰세요.

> 평양에 사는 김 선달은 한양의 장사꾼들이 평양에 와서 싼 물건을 비싸게 팔려고 한다는 것을 알게 됐다. 김 선달은 한양의 장사꾼들을 골탕 먹이려고 대동강의 ①☐☐☐들과 작전을 짰다. 김 선달이 대동강의 주인인 것처럼 물장수들이 물을 길어 갈 때마다 ②☐☐을 내기로 한 것이다. 그래서 한양의 장사꾼들은 김 선달에게 비싼 값에 ③☐☐☐을 샀지만, 자신들이 속은 것을 알고 부끄러워 한양으로 돌아갔다.

① _____ ② _____ ③ _____

낱말의 반대말

뜻이 서로 반대되는 말끼리 ⌒로 묶으세요.

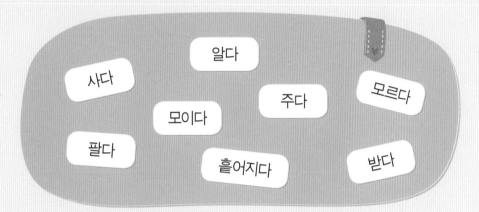

알다

사다   주다   모르다

모이다

팔다   흩어지다   받다

틀리기 쉬운 말

문장이 알맞으면 ◎, 알맞지 않으면 ☒에 ◯ 하세요.

(1) 이게 웬 떡이니?   ◎ ☒

(2) 웬 용돈이 이렇게 많아요?   ◎ ☒

(3) 왠 눈이 이렇게 내리지?   ◎ ☒

(4) 여기 웬 사람들이 이렇게 많니?   ◎ ☒

'웬'은 '어찌 된, 어떠한'의 뜻을 가지고 있어. '웬 떡이야?'와 같이 어찌 된 일이냐고 물을 때 쓰지. '왠'은 잘못된 표현이야.

토픽 한 줄 정리

김 선달이 한양의 장사꾼들에게 대동강을 판 것은 잘한 일일까?

☐ 잘한 일이야!   ☐ 잘못한 일이야!

왜냐하면 _____

물에도 발자국이 있대. 무슨 말이냐고? 궁금하면 다음 장을 넘겨 봐! >>>>>

지구를 지키는 물 발자국

'물 발자국'이라고 들어 봤니? 물 발자국은 사람들이 물을 아껴 쓰길 바라는 마음에서 만든 말이야. 그럼, 물 발자국이 무엇인지 자세히 알아볼까?

어떤 제품이든 물이 없으면 만들 수 없어. 예를 들어 볼까? 햄버거를 만들려면 빵, 고기, 상추 등이 있어야겠지. 빵의 재료인 밀과 상추, 토마토 등의 채소를 기르려면 물이 많이 필요해. 고기의 재료인 돼지나 소를 키우고, 햄버거를 포장할 종이를 만드는 데도 물이 필요하지. 햄버거 가게의 종업원도 물을 사용하겠지? 이렇게 계산을 다 하면 햄버거를 만드는 데 2,400리터의 물이 필요해. 햄버거 한 개에 엄청난 물이 필요한 거야.

물 발자국은 제품을 만드는 데 필요한 물의 양뿐만 아니라 판매하고, 이용하고, 버리는 과정에서 사용되는 물의 양을 합해 숫자로 나타낸 거야. 보통 사과 한 개의 물 발자국은 70리터야. 사과 한 개에 1리터짜리 생수 70개가 필요한 거지. 피자 한 판은 1,259리터, 닭고기 1킬로그램은 4,325리터, 청바지 한 벌은 9,000리터의 물 발자국이 남아.

물 발자국의 크기를 알면 물을 현명하게 절약할 수 있어. 무엇을 먹을지 고민될 때도 물 발자국이 적은 걸 고르면 되니까. 장난감이나 옷, 책 등의 물건을 아껴 쓰고 소비를 줄이는 것도 소중한 물을 지키는 방법이 될 수 있어. 오늘부터라도 물 발자국을 따져 본다면 물을 아끼는 데 큰 보탬이 될 거야.

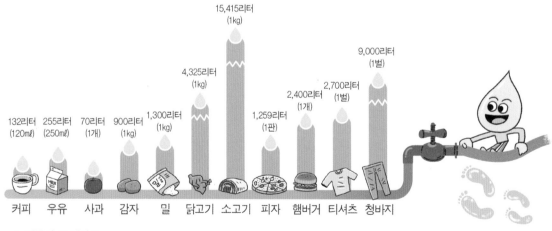

▲ 제품별 물 발자국

어휘 알기 색칠한 낱말과 초성을 보고 뜻풀이에 알맞은 낱말을 ___에 쓰세요.

| ㅈ | ㅍ | 팔려고 만든 물건. | _____ |

| ㅍ | ㅁ | 어떤 것을 파는 것. | _____ |

| ㅅ | ㅂ | 사람이 무엇을 가지고 싶은 마음을 채우기 위해 물건을 쓰고 없애는 일. | _____ |

독해력 기르기

01 이 글에서 가장 중심이 되는 말을 빈칸에 쓰세요.

02 이 글을 읽고 알 수 <u>없는</u> 것에 ✕ 하세요.

(1) 물 발자국의 뜻　　　　　(　　　)

(2) 제품별 물 발자국의 크기 (　　　)

(3) 물 발자국을 만든 까닭　 (　　　)

(4) 물 발자국을 만든 사람　 (　　　)

03 이 글의 내용으로 알맞으면 ○, 알맞지 않으면 ✕ 하세요.

(1) 물을 절약하자는 뜻에서 물 발자국을 만들었다.　　　　　　　　(　　　)

(2) 물 발자국의 크기가 클수록 사용한 물의 양은 적다.　　　　　　(　　　)

(3) 물 발자국은 제품을 만들고 판매하고 이용하고 버리는 과정에 사용한 물의

양을 합해 숫자로 나타낸 것이다.　　　　　　　　　　　　　　(　　　)

04 물 발자국 표를 바르게 이해하지 <u>못한</u> 친구의 이름을 쓰세요. (   )

> 소은: 농작물의 물 발자국보다 닭고기, 소고기의 물 발자국이 훨씬 더 커.
> 하진: 피자나 햄버거 같은 패스트푸드의 물 발자국은 매우 낮아.
> 정민: 청바지의 물 발자국은 티셔츠의 물 발자국보다 커.

05 글쓴이의 의견을 바르게 실천한 친구를 모두 골라 ○ 하세요.

(1)
고기를 먹을 때
소고기보다 닭고기를
먹고, 고기 먹는
횟수는 줄일 거야.

(2)
유행에 따라서
옷을 매번 사지 않고,
한번 사면 오래
입을 거야.

(3)
물 발자국 크기가
큰 음식과 물건은 절대로
먹지도, 사용하지도
않을 거야.

06 이 글의 내용을 요약했어요. 빈칸에 들어갈 알맞은 말을 쓰세요.

물 발자국의 뜻	제품을 만들어서 판매하고, 이용하고, 버릴 때까지 모든 과정에서 쓰이는 ①☐의 양을 합해 숫자로 나타낸 것.
물 발자국의 크기	햄버거 한 개는 2,400리터, 사과 한 개는 70리터, 닭고기 1킬로그램은 4,325리터, 피자 한 판은 1,259리터, 청바지 한 벌은 9,000리터의 ②☐ ☐☐☐이 남음.
물 발자국을 알면 좋은 점	물 발자국의 크기를 알면 물을 얼마나 사용했는지 알게 되어 물을 ③☐☐하는 데 도움이 됨.

① _____   ② _____   ③ _____

단위를 나타내는 말

빈 곳에 알맞은 말을 쓰세요.

> 대 차나 기계, 악기 등을 세는 단위.
> 잔 음료 등을 컵이나 작은 그릇에 담아 그 분량을 세는 단위.
> 판 조각을 내어 먹는 음식을 자르기 전의 큰 덩어리로 묶어 세는 단위.

피자 한 _____   커피 한 _____   자동차 한 _____

올바른 표기

복수 표준어끼리 ◯로 묶으세요.

자장면 쇠고기 봉숭아
소고기 맨날 봉선화
짜장면 만날

> 표준어는 대개 하나야.
> 하지만 우리말 중에는 같은
> 뜻을 가진 여러 말을 표준어로
> 인정하는 경우도 있어. 이런 걸
> 복수 표준어라고 해.

토픽 한 줄 정리

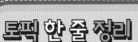

물 발자국이 얼마인지 알아보고 싶은 것이 있니?

☐ 자주 쓰는 물건 중 _____   ☐ 좋아하는 음식 중 _____

왜냐하면 _____

물과 얼음으로 재미있는 실험을 했어.
궁금하면 다음 장을 넘겨 봐! >>>>>

물이 얼면서 어떻게 변하는지 살펴봐!

물이 얼 때의 변화 실험 보고서

실험 날짜   20○○년 ○월 ○일

실험 목적   물이 얼 때 무게와 부피에 어떤 변화가 있는지 살펴본다.

실험 준비물   물, 잘게 부순 얼음, 비커, 뚜껑이 있는 시험관, 전자저울, 사인펜

실험 방법

① 시험관에 물을 반 정도 담고, 뚜껑을 닫는다.

② 물의 높이를 사인펜으로 표시한 뒤, 무게를 잰다.

③ 잘게 부순 얼음을 담은 비커에 물이 든 시험관을 꽂는다. 이때 시험관이 기울지 않도록 주의한다.

④ 시험관 속 물이 얼면 꺼내서 얼음의 높이를 사인펜으로 표시하고, 무게를 잰다.

실험 결과

① 무게 변화

물일 때	물이 언 뒤
전자저울로 무게를 쟀더니 15그램이 나옴.	전자저울로 무게를 쟀더니 15그램이 나옴.

② 부피 변화

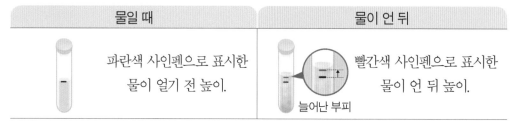

물일 때	물이 언 뒤
파란색 사인펜으로 표시한 물이 얼기 전 높이.	빨간색 사인펜으로 표시한 물이 언 뒤 높이.

늘어난 부피

알게 된 점

㉠물이 얼면서 무게는 변하지 않지만 부피는 늘어난다는 것을 알게 되었다. 선생님께서는 물이 얼 때 물을 이루는 알갱이들 사이의 간격이 벌어지면서 부피가 커지는 것이라고 하셨다. 실험을 통해 액체 상태인 물과 고체 상태인 얼음에 차이가 있다는 것을 알게 되었다.

어휘 알기 색칠한 낱말과 초성을 보고 뜻풀이에 알맞은 낱말을 ____에 쓰세요.

| ㅇ | ㅇ | 물이 얼어서 굳어진 물질.

_____

| ㅂ | ㅍ | 넓이와 높이를 가진 물건이 공간에서 차지하는 크기.

_____

| ㅍ | ㅅ | ㅎ | ㄷ | 표를 하여 외부에 드러내 보이다.

_____

독해력 기르기

01 이 실험의 목적은 무엇인지 빈칸에 알맞은 말을 쓰세요.

☐ 이 얼 때 무게와 부피에 변화가 있는지 살펴본다.

02 실험 보고서를 쓸 때 들어가야 할 내용이 <u>아닌</u> 것은 무엇인가요? (   )

① 실험을 한 날짜를 쓴다.

② 실험에 필요한 준비물을 쓴다.

③ 실험을 어떤 순서로 했는지 과정을 쓴다.

④ 실험 결과를 통해 알게 된 사실을 쓴다.

⑤ 실험을 하면서 친구들과 토론한 내용을 쓴다.

03 실험 결과를 통해 알 수 있는 내용으로 알맞은 것의 기호를 쓰세요. (   )

㉠ 물이 얼면서 무게와 부피는 모두 줄어든다.
㉡ 물이 얼면서 무게와 부피는 모두 변화가 없다.
㉢ 물이 얼면서 무게는 변하지 않지만, 부피는 늘어난다.

04 물이 얼면 부피가 커지는 까닭에 대해 바르게 설명한 것에 ○ 하세요.

(1) 물이 얼면서 물을 이루고 있는 알갱이들의 개수가 많아지기 때문에 (   )

(2) 물이 얼면서 물을 이루고 있는 알갱이들이 간격이 벌어지기 때문에 (   )

05 물이 얼어 부피가 늘어난 예로 알맞은 것에 ○ 하세요.

(1)

냉동실에서 꽁꽁 언 생수병을 꺼냈는데, 얼음이 녹으면서 생수병에 물방울들이 맺혔어.

(2)

생수병을 냉동실에 넣어 얼렸는데, 꺼내 보니 생수병이 통통하게 부풀어 올랐어.

06 이 글의 내용을 요약했어요. 빈칸에 들어갈 알맞은 말을 쓰세요.

①□이 얼 때 무게와 부피에 변화가 있는지 알아보기 위해 실험을 하였다. 실험 결과 물이 얼기 전과 언 뒤의 무게는 같았다. 하지만 부피는 얼음일 때 더 컸다. 물이 얼면서 ②□□는 변하지 않지만 ③□□는 늘어난 것이다. 물이 얼 때 물을 이루는 알갱이들의 간격이 벌어지면서 생기는 현상이라고 한다.

① _____   ② _____   ③ _____

이름을 나타내는 말

사다리를 타고 내려가서 뜻에 해당하는 낱말에 ○ 하세요.

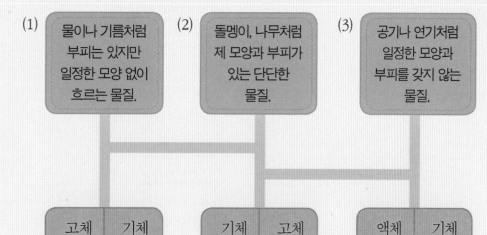

(1) 물이나 기름처럼 부피는 있지만 일정한 모양 없이 흐르는 물질.

(2) 돌멩이, 나무처럼 제 모양과 부피가 있는 단단한 물질.

(3) 공기나 연기처럼 일정한 모양과 부피를 갖지 않는 물질.

고체	기체

기체	고체

액체	기체

낱말의 뜻

알맞은 말에 ○ 해서 낱말의 뜻을 완성하세요.

(1) 얼다 　물기가 있는 것이 (찬 , 더운) 기운에 딱딱하게 굳다.

(2) 재다 　자, 저울 같은 것으로 길이, (무게 , 숫자) 등을 알아보다.

(3) 변하다 　성질, 모습 들이 (바뀌지 않다 , 바뀌다).

토픽 한 줄 정리

물과 얼음은 생활에서 어떻게 쓰일까?

물은 이렇게 쓰여!	얼음은 이렇게 쓰여!

1일 어린 왕자
11-13쪽

어휘 알기

되뇌다, 쓸쓸하다, 길들이다

독해력 기르기

01 여우

02 (2) ○ (3) ○

03 ③   04 ⑤

05 (1) ○

06 ① 어린 왕자 ② 친구 ③ 여우

어휘력 더하기

성질을 바꾸는 말 생각하다, 간직하다, 대답하다

모양이 같은 말 (1)-(가) (2)-(나)

2일 우정을 어떻게 지킬까?
15-17쪽

어휘 알기

또래, 갈등, 주인공

독해력 기르기

01 (1) ○

02 ④

03 (1)-(나) (2)-(가) (3)-(다)

04 (3) ○

05 ① 왕따 ② 동생 ③ 용기

어휘력 더하기

뜻이 비슷한 말 다툼, 따돌림, 벗, 소개

어울려 쓰는 말 (1) ☒ (2) ◯ (3) ◯ (4) ◯

| 독해력 기르기 |

01 어린 왕자는 친구를 만나고 싶어 길을 걷다가 우연히 여우를 만났습니다.

02 여우는 어린 왕자에게 길들인다는 것은 시간을 같이 보내며 특별한 사이가 되는 것이고, 서로에게 소중한 사이가 되는 것이라고 했습니다.

03 어린 왕자가 올 시간을 기다리며 여우가 어떤 감정을 느낄지 찾는 문제이므로, 여우가 할 말로 어울리는 것은 '행복해질 테니까'입니다.

04 여우는 어린 왕자와 헤어져서 슬프지만 함께 보낸 시간을 마음에 소중히 간직할 것이기 때문에 괜찮다고 한 것입니다.

05 여우와 어린 왕자는 서로 길들이며 친구가 되었습니다. 길들이기 위해 필요한 것은 시간을 함께 보내며 소중한 존재로 서로 느끼는 것이지, 모든 것을 함께하며 항상 붙어 다녀야 한다는 의미는 아닙니다. 따라서 (2)는 글을 잘못 이해하고 말한 감상입니다.

06 일이 일어난 차례에 따라 글의 내용을 요약해 봅니다.

| 어휘력 더하기 |

성질을 바꾸는 말 어떤 낱말에 '하다'가 붙으면 움직임을 나타내는 말로 바뀝니다. '생각', '간직', '대답'에 각각 '하다'가 붙으면 움직임을 나타내는 말인 '생각하다', '간직하다', '대답하다'로 바뀝니다.

모양이 같은 말 (1)의 '고개'는 목과 머리를 함께 이르는 말을 뜻하고, (2)의 '고개'는 산이나 언덕을 넘어 다니도록 길이 난 곳을 뜻합니다.

| 독해력 기르기 |

01 이 글은 영화를 보고 마음에 떠오르는 느낌이나 생각을 자유롭게 쓴 영화 감상문입니다.

02 〈우리들〉에는 친구 관계 때문에 고민하는 인물들이 나옵니다. 따라서 영화에 나온 인물들이 공부하면서 느끼는 스트레스로 괴로워한다는 ④는 알맞은 내용이 아닙니다.

03 가 문단에는 영화의 줄거리, 나 문단에는 영화에서 가장 기억에 남는 장면, 다 문단에는 영화를 보고 난 뒤의 느낀 점이 나옵니다.

04 글쓴이는 〈우리들〉을 본 뒤 친구와 갈등이 생겼을 때 먼저 손 내밀 용기가 있다면 친구와 우정을 키워 나갈 수 있다고 했습니다.

05 영화의 줄거리와 감상을 중심으로 글의 내용을 요약해 봅니다.

| 어휘력 더하기 |

뜻이 비슷한 말 '싸움'과 '다툼'은 싸운다는 뜻이 있고, '왕따'와 '따돌림'은 따돌린다는 뜻이 있고, '친구'와 '벗'은 친하게 사귀는 사람이라는 뜻이 있고, '추천'과 '소개'는 어떤 것을 소개한다는 뜻이 있습니다.

어울려 쓰는 말 '결코'는 부정을 뜻하는 말과 함께 써야 합니다. (1)에는 부정을 뜻하는 말이 없으므로 알맞은 문장이 아닙니다. (2)는 '결코~아니야', (3)은 '결코~없어', (4)는 '결코~않을'로 '결코'와 부정을 뜻하는 말이 짝을 이루었으므로 알맞은 문장입니다.

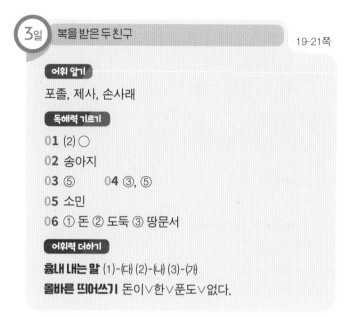

3일 복을 받은 두 친구 · 19~21쪽

어휘 알기

포졸, 제사, 손사래

독해력 기르기

01 (2) ○

02 송아지

03 ⑤   04 ③, ⑤

05 소민

06 ① 돈 ② 도둑 ③ 땅문서

어휘력 더하기

흉내 내는 말 (1)-(다) (2)-(나) (3)-(가)

올바른 띄어쓰기 돈이∨한∨푼도∨없다.

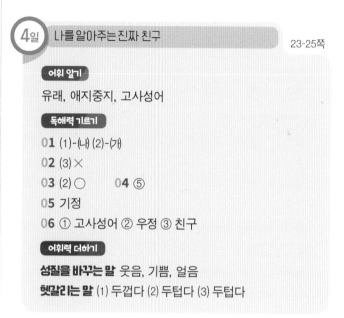

4일 나를 알아주는 진짜 친구 · 23~25쪽

어휘 알기

유래, 애지중지, 고사성어

독해력 기르기

01 (1)-(나) (2)-(가)

02 (3)×

03 (2) ○   04 ⑤

05 기정

06 ① 고사성어 ② 우정 ③ 친구

어휘력 더하기

성질을 바꾸는 말 웃음, 기쁨, 얼음

헷갈리는 말 (1) 두껍다 (2) 두텁다 (3) 두텁다

| 독해력 기르기 |

01 길 서방은 아버지 제삿날이 다가왔지만 쌀독이 텅텅 빌 정도로 돈이 없어 친구인 배 서방에게 돈을 꾸러 갔습니다.

02 배 서방은 돈이 한 푼도 없어 길 서방에게 돈을 꾸어 줄 수 없었습니다. 하지만 마침 소가 송아지를 낳았다며 돈 대신 송아지를 길 서방에게 내어 줍니다.

03 도둑은 길 서방이 포졸에게 자신이 도둑질을 하려 했다는 말을 하지 않아서 미안하고 고마운 마음이 든 것입니다.

04 길 서방은 도둑의 할아버지에게 땅문서를 받아 부자가 될 수 있었지만 배 서방에게 땅문서를 주려고 했습니다. 배 서방은 돈 한 푼 없는데도 길 서방에게 송아지를 내어 주었습니다. 이런 행동은 서로 아끼고 위하는 마음인 우정이 있어야 가능한 것입니다.

05 이 글은 길 서방과 배 서방이 서로 위하고 생각하는 마음이 있어 복을 받았다는 전래 동화입니다. 따라서 땅문서를 가지라며 실랑이를 벌인 두 사람이 어리석다고 말한 예리의 감상은 알맞지 않습니다.

06 일이 일어난 차례에 따라 글의 내용을 요약해 봅니다.

| 어휘력 더하기 |

흉내 내는 말 (1) 쌀독이 비어 있는 모습을 흉내 내는 말에는 '텅텅', (2) 고개를 흔드는 모습을 흉내 내는 말에는 '절레절레', (3) 급히 뛰어가는 모습을 흉내 내는 말에는 '부랴부랴'가 알맞습니다.

올바른 띄어쓰기 단위를 나타내는 말은 앞말과 띄어 써야 합니다. 따라서 '한푼은 '한 푼'으로 띄어 씁니다.

| 독해력 기르기 |

01 '관포지교'는 관중과 포숙아의 사귐이라는 말로, 변하지 않는 진정한 우정이라는 뜻이고, '백아절현'은 백아가 거문고 줄을 끊었다는 말로, 진정한 친구의 죽음을 슬퍼한다는 뜻입니다.

02 관중은 부모님이 자신을 낳아 주었으나 자신을 진정으로 알아준 사람은 포숙아라고 했지, 부모님보다 포숙아가 더 소중하다고는 하지 않았습니다.

03 백아는 종자기가 자신의 음악을 진정으로 이해해 주는 사람이라며 매우 소중히 여겼습니다.

04 마지막 문단을 보면 글쓴이가 '관포지교'와 '백아절현'의 고사성어를 통해 진정한 우정의 의미가 무엇인지 알려 주려고 했다는 것을 짐작할 수 있습니다.

05 '백아절현'은 자신을 알아주는 진정한 친구의 죽음을 슬퍼한다는 뜻입니다. 따라서 공부를 열심히 하기 위해 친구와 백아절현했다는 기정이는 고사성어를 바르게 사용하지 못했습니다.

06 '관포지교'와 '백아절현'의 유래와 뜻을 중심으로 글의 내용을 요약해 봅니다.

| 어휘력 더하기 |

성질을 바꾸는 말 '웃다', '기쁘다', '얼다'는 움직임이나, 성질이나 상태를 나타내는 말입니다. 여기에 '-음'이나 '-ㅁ'이 붙으면 '웃음', '기쁨', '얼음'처럼 이름을 나타내는 말이 됩니다.

헷갈리는 말 (1)은 두께가 보통 정도보다 크다는 뜻이므로 '두껍다'를 쓰고, (2)와 (3)은 관계나 우정이 깊다는 뜻이므로 '두텁다'를 씁니다.

5일 랜선 친구, 똑바로 알자 27-29쪽

어휘 알기

댓글, 채팅, 유익하다

독해력 기르기

01 랜선　　02 (1) ○ (2) ○ (3) ○ (4) ×

03 정연

04 (1)-㉮ (2)-㉯

05 ㉡

06 ① 랜선 ② 시간 ③ 개인

어휘력 더하기

외래어 스마트폰, 인터넷, 쇼핑, 채팅, 메시지, 게임

모양이 같은 말 (1)-㉱ (2)-㉯ (3)-㉮

| 독해력 기르기 |

01 이 글은 랜선 친구가 무엇인지 설명하는 글입니다.

02 이 글에서는 랜선 친구라는 말을 처음 쓴 시기에 대해서는 설명하지 않았습니다.

03 랜선 친구는 누리 소통망이나 게임 등의 온라인에서만 만나는 친구입니다. 따라서 직접 만나서 취미 생활을 함께한다는 정연이는 랜선 친구의 뜻을 잘못 알고 있습니다.

04 (1)은 랜선 친구의 좋은 점, (2)는 랜선 친구를 만날 때 주의할 점에 대한 설명입니다.

05 제시된 글에서는 개인 정보가 유출되면 어떤 문제가 생기는지 알려 주고 있습니다. 따라서 제시된 글과 관련 있는 것은 개인 정보를 랜선 친구에게 알려 주면 안 된다고 설명한 ㉡입니다.

06 랜선 친구의 뜻, 랜선 친구의 좋은 점, 랜선 친구를 만날 때 주의할 점을 중심으로 글의 내용을 요약해 봅니다.

| 어휘력 더하기 |

외래어 외래어는 다른 나라의 말이 들어와서 우리말처럼 쓰이는 낱말입니다. 제시된 글에서는 '컴퓨터, 스마트폰, 인터넷, 쇼핑, 채팅, 메시지, 게임'이 외래어입니다.

모양이 같은 말 (1)의 '켜다'는 악기의 줄을 활로 문질러 소리를 낸다는 뜻이고, (2)의 '켜다'는 몸을 펴고 팔다리를 쭉 편다는 뜻이고, (3)의 '켜다'는 전기 기구가 돌아가게 한다는 뜻입니다.

1일 아사달과 아사녀 33-35쪽

어휘 알기

탑, 석공, 먼발치

독해력 기르기

01 아사달, 아사녀

02 ④

03 (3) ○　　04 ㉮

05 (1) ○

06 ① 석가탑 ② 불국사 ③ 그림자

어휘력 더하기

낱말의 관계 (3) ○

뜻이 여러 개인 말 (1) ① (2) ② (3) ②

| 독해력 기르기 |

01 이 글은 석가탑에 전해 오는 이야기로 아사달과 아사녀가 주인공으로 등장하여 이야기가 전개됩니다.

02 아사녀는 날마다 연못에 기도를 드렸지만 연못에 탑의 그림자는 보이지 않았습니다. ④는 틀린 설명입니다.

03 아사녀는 아사달을 만나겠다는 간절한 마음으로 연못에 기도를 드렸는데, 오랫동안 연못에 그림자가 보이지 않으니 매우 지치고 모든 희망이 사라진 기분이었을 것입니다.

04 석가탑은 우리나라 국보로 불국사 대웅전 앞뜰에 있습니다.

05 이 글은 석가탑에 얽힌 이야기입니다. 특정 지역에서 바위나 연못 등 구체적인 장소나 사물에 얽혀 전해 내려오는 이야기로, 실제 사실인지는 알 수 없습니다. 따라서 이 글이 사실인지 지어낸 이야기인지 밝힐 수 없으므로 (2)의 감상은 적합하지 않습니다.

06 일이 일어난 차례에 따라 글의 내용을 요약해 봅니다.

| 어휘력 더하기 |

낱말의 관계 '정답다'와 '사이좋다', '알려지다'와 '소문나다', '세우다'와 '짓다'는 뜻이 비슷한 말이고, '아내'와 '남편'은 뜻이 반대인 말입니다.

뜻이 여러 개인 말 (1)은 팔과 손목을 움직여 손에 든 것을 보냈다는 뜻으로 쓰였고, (2)와 (3)은 자기 몸을 떨어지게 하거나 뛰어들었다는 뜻으로 쓰였습니다.

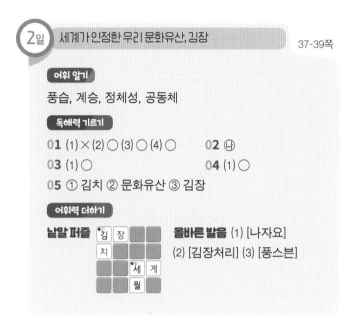

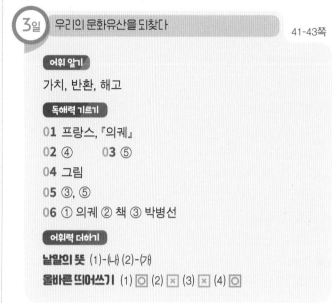

| 독해력 기르기 |

01 이 글에서는 지역마다 자연환경의 특징에 따라 김장을 담그는 방법과 재료가 다르다고 설명했으므로 (1)의 설명은 알맞지 않습니다.

02 ㉮ 문단은 처음 부분으로 무엇을 설명할 것인지 밝히고 있습니다. ㉯, ㉰, ㉱ 문단은 가운데 부분으로 설명하려는 내용에 대해 쉽고 자세히 설명하고 있습니다. ㉲ 문단은 끝부분으로 설명한 내용에 대해 간단히 마무리하여 정리하고 있습니다.

03 김장 문화는 오랜 세월에 걸쳐 이어져 내려와 우리의 고유한 전통으로 인정받은 것입니다. 그러므로 다른 나라의 식재료를 섞어서 김장을 알리겠다는 (2)는 글을 바르게 이해하지 못한 것입니다.

04 김치를 사 먹는 것은 김장 문화의 계승과 관련이 없으므로 (2)는 알맞지 않습니다.

05 김장 문화의 장점을 중심으로 글의 내용을 요약해 봅니다.

| 어휘력 더하기 |

낱말 퍼즐 낱말 퍼즐을 풀면서 '김장'과 '김치'의 뜻, '세월'과 '세계'의 뜻을 익혀 봅니다.

올바른 발음 앞말의 받침 다음에 모음이 이어지면, 받침 소리를 그대로 연결하여 발음해야 합니다. 따라서 '낮아요'는 [나자요]로, '김장철이'는 [김장처리]로, '풍습은'은 [풍스븐]으로 발음합니다.

| 독해력 기르기 |

01 이 글은 박병선 박사가 프랑스에 빼앗긴 『의궤』를 찾아 우리나라로 반환시키기 위해 노력한 과정을 소개하는 글입니다.

02 ㉣은 우리나라 정부가 프랑스와 관계가 나빠질 것을 걱정해 『의궤』 반환에 적극적으로 나서지 않았다는 내용이므로, 『의궤』를 되찾기 위한 박병선 박사의 노력과 관련이 없습니다.

03 『의궤』는 조선 시대 때 나라의 큰 행사를 기록한 책이므로, ⑤의 설명은 알맞지 않습니다.

04 『의궤』는 왕실이나 나라에서 개최한 주요 행사의 내용이 글과 그림으로 처음부터 끝까지 자세하게 기록되어 있어 후세가 역사를 이해하는 데 훌륭한 자료가 됩니다.

05 박병선 박사는 『의궤』를 찾아 우리 문화재의 소중함을 깨닫게 하고, 우리나라에 『의궤』가 되돌아올 수 있게 노력한 역사학자입니다.

06 박병선 박사가 『의궤』 반환을 위해 노력한 내용을 중심으로 글의 내용을 요약합니다.

| 어휘력 더하기 |

낱말의 뜻 '애쓰다'는 마음과 힘을 다하여 무엇을 이루려고 힘쓴다는 뜻이고, '요구하다'는 받아야 할 것을 필요에 의하여 달라고 청한다는 뜻입니다.

올바른 띄어쓰기 (1)과 (2)의 '간'은 '동안'의 뜻을 나타내므로 앞말과 붙여 써야 합니다. (3)과 (4)의 '간'은 '관계'의 뜻을 나타내므로 앞말과 띄어 써야 합니다.

어휘 알기

비석, 예언, 웅장하다

독해력 기르기

01 (1) ○   **02** ③

03 ③   **04** (1) ✕

05 (1) ○

06 ① 꿈 ② 왕 ③ 비석

어휘력 더하기

성질이나 상태를 나타내는 말 크디크다, 큼직하다, 커다랗다, 거대하다

뜻을 더하는 말 (맏)딸, (맏)아들, (맏)손녀

| 독해력 기르기 |

01 스핑크스는 투트모세 4세에게 모래에서 자신을 꺼내 주면 이집트의 왕으로 만들어 주겠다는 예언을 했습니다.

02 투트모세 4세는 모래 언덕에서 잠시 쉬다가 깜빡 잠이 들었는데, 이때 스핑크스의 꿈을 꾸고 꿈속에서 예언을 듣습니다.

03 투트모세 4세는 스핑크스의 예언을 들은 뒤, 이집트의 왕이 되었으므로 ③은 알맞지 않습니다.

04 이 글에서 스핑크스가 소원을 이뤄 주는 신이라는 언급은 없으므로 (1)의 설명은 알맞지 않습니다.

05 투트모세 4세는 맏아들이 아니어서 이집트의 왕이 될 수 없었습니다. 하지만 스핑크스의 예언대로 왕이 되자, 스핑크스에게 감사한 마음을 담아 비석을 세운 것입니다.

06 투트모세 4세가 겪은 일을 중심으로 글의 내용을 요약해 봅니다.

| 어휘력 더하기 |

성질이나 상태를 나타내는 말 크기를 나타내는 다양한 말을 익혀 봅니다. '작디작다, 조그맣다, 작다랗다, 왜소하다'는 크기가 작은 대상을 설명할 때 쓰는 말이고, '크디크다, 큼직하다, 커다랗다, 거대하다'는 크기가 큰 대상을 설명할 때 쓰는 말입니다.

뜻을 더하는 말 '맏-'이 붙어 딸 가운데 맨 먼저 태어난 딸을 뜻하는 말은 '맏딸', 아들 가운데 맨 먼저 태어난 아들은 '맏아들', 손녀들 가운데 맨 먼저 태어난 손녀는 '맏손녀'입니다.

어휘 알기

복원, 훼손, 시멘트, 설계도

독해력 기르기

01 과학   **02** (2) ○

03 (1) ○

04 ㉰

05 (1) ○

06 ① 석탑 ② 스리디 ③ 과학

어휘력 더하기

움직임을 나타내는 말 깨지다, 붙이다, 쌓다

모양이 같은 말 (1)-(다) (2)-(가) (3)-(나)

| 독해력 기르기 |

01 이 글은 훼손된 미륵사지 석탑을 과학 기술을 이용하여 복원한 과정을 설명한 글입니다.

02 미륵사지 석탑은 일제 강점기 때 일본이 시멘트를 부어 훼손된 상태에서 오랜 시간이 지나며 심하게 망가져 곧 무너질 상태에 있었습니다. 그래서 복원을 하기로 했으므로 정답은 (2)입니다.

03 이 글에서 글쓴이는 미륵사지 석탑을 복원할 때 스리디 스캔이 큰 역할을 했다고 밝혔습니다. 그리고 티타늄, 에폭시 수지 등의 물질을 이용하여 깨지거나 금이 간 돌을 복원할 때 사용할 수 있게 되었다고 했습니다. 그러므로 (2)는 알맞은 설명이 아닙니다.

04 미륵사지 석탑을 복원할 때 일본은 어떤 도움도 주지 않았습니다.

05 제시된 글은 엑스레이를 문화재 복원에 이용한다는 내용입니다. 따라서 이 글과 제시된 글의 공통점은 과학 기술을 이용해 문화재를 복원한다는 (1)의 내용입니다.

06 미륵사지 석탑을 복원할 때 사용한 과학 기술을 중심으로 글의 내용을 요약해 봅니다.

| 어휘력 더하기 |

움직임을 나타내는 말 (1)은 접시가 깨지는 모습이고, (2)는 풀로 종이를 붙이는 모습이고, (3)은 블록을 쌓는 모습입니다. 따라서 (1)은 '깨지다', (2)는 '붙이다', (3)은 '쌓다'가 알맞습니다.

모양이 같은 말 (1)의 '금'은 물건이나 벽이 살짝 갈라져 생긴 가느다란 틈을 이르는 말이고, (2)의 '금'은 금요일을 이르는 말이고, (3)의 '금'은 노란빛이 나는 값비싼 금속을 이르는 말입니다.

1일 훨훨 날아간다
55-57쪽

어휘 알기

무명, 줄행랑, 부뚜막

독해력 기르기

01 (1) ○ (2) ○ (3) ×
02 (1)-(내) (2)-(개)
03 ②
04 (2) ○
05 ① 이야기 ② 황새 ③ 도둑

어휘력 더하기

흉내 내는 말 싱글벙글, 털레털레, 기웃기웃
관용 표현 간(이 크다), 간(이 떨어지다)

2일 신조어를 써도 될까?
59-61쪽

어휘 알기

자판, 맞춤법, 오염되다

독해력 기르기

01 신조어
02 (1)-(내), (래) (2)-(개), (대)   03 (2) ○
04 (1) ○
05 ① 신조어 ② 찬성 ③ 반대

어휘력 더하기

포함하는 말 샤프, 커피, 하늘
올바른 띄어쓰기 동생이∨신조어를∨썼다.
엄마는∨운동을∨잘한다.

| 독해력 기르기 |

01 할아버지는 집에 도둑이 든 줄도 모르고 농부에게 사 온 이야기를 할머니에게 들려주었습니다. 그러므로 도둑을 쫓아내기 위해 무서운 이야기를 했다는 (3)은 알맞지 않습니다.

02 농부가 황새의 몸짓을 따라 말한 것처럼, 그림 속 황새가 어떤 행동을 하고 있는지 살펴봅니다. (1)은 황새가 훨훨 날아가는 그림이고, (2)는 황새가 요리조리 살피는 그림입니다.

03 할아버지가 할머니에게 들려준 이야기가 도둑의 행동과 같아서 도둑은 도둑질하러 몰래 들어온 것을 들켰다고 생각합니다. 그래서 겁이 난 도둑은 줄행랑을 친 것입니다.

04 할아버지가 직접 나서서 도둑을 쫓아낸 것은 아니므로 (2)는 알맞지 않은 감상입니다.

05 일이 일어난 차례에 따라 글의 내용을 요약해 봅니다.

| 어휘력 더하기 |

흉내 내는 말 '웃다'와 어울리는 흉내 내는 말은 '싱글벙글'이고, '걷다'와 어울리는 흉내 내는 말은 '털레털레'이고, '둘러보다'와 어울리는 흉내 내는 말은 '기웃기웃'입니다.

관용 표현 '간'이 들어간 관용 표현을 익혀 봅니다. '간이 크다'는 '겁이 없고 매우 대담하다.'라는 뜻이고, '간이 떨어지다'는 '순간적으로 몹시 놀라다.'라는 뜻입니다.

| 독해력 기르기 |

01 핵심어를 찾는 문제입니다. '신조어'는 새로 생긴 말로, 주로 인터넷에서 만들어지고 사용합니다.

02 신조어 사용에 대한 찬성의 근거는 말하려는 내용을 쉽고 빠르게 전달할 수 있고, 또래 친구와 더욱 친해질 수 있다는 것입니다. 반대의 근거는 어른들과 대화가 통하지 않을 수 있고, 우리말이 오염되고 훼손될 수 있다는 것입니다.

03 (1)은 '달걀'을 뜻하는 제주도 사투리 '닥새기'에 대한 내용이고, (2)는 영어 'NO'와 우리말 '답'을 합해 '노답'이라는 신조어를 만들었다는 내용이므로 ⊙의 예로 알맞은 것은 (2)입니다.

04 형욱이는 신조어 사용에 반대하는 입장입니다. (1)은 신조어 사용에 반대하는 내용이고, (2)는 신조어 사용에 찬성하는 내용이므로, (1)이 형욱이의 의견과 비슷합니다.

05 논제에 대한 찬성과 반대의 입장을 중심으로 글의 내용을 요약해 봅니다.

| 어휘력 더하기 |

포함하는 말 '우리말'에 포함되는 말인 '순우리말, 한자어, 외래어'의 뜻을 각각 알아봅니다. '사랑'과 '꿈'은 순우리말에 포함되고, '학교'와 '학생'은 한자어에 포함되고, '컴퓨터'와 '버스'는 외래어에 포함되는 말입니다.

올바른 띄어쓰기 낱말과 낱말은 띄어 써야 하지만 '은/는', '이/가', '을/를'은 앞말과 붙여 써야 합니다.

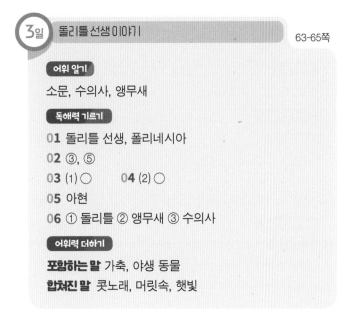

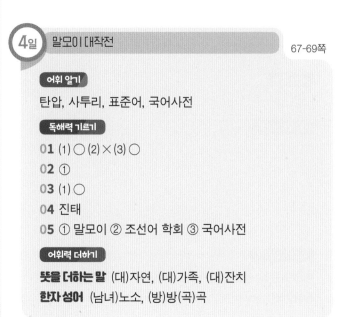

| 독해력 기르기 |

01 이 글은 돌리틀 선생이 앵무새 폴리네시아에게 동물의 말을 배운 뒤 수의사가 되는 내용입니다. 따라서 이 글의 중심인물은 '돌리틀 선생'과 '폴리네시아'입니다.

02 돌리틀 선생이 동물 말을 한다는 소문이 나자 여러 동물이 돌리틀 선생을 찾아왔고, 폴리네시아는 돌리틀 선생에게 동물의 말을 알려 주었으므로 ③과 ⑤는 알맞지 않습니다.

03 돌리틀 선생은 새들의 말을 신기하게 여겼습니다. 이로 미루어 보아 돌리틀 선생은 동물의 말을 배운다는 생각에 신나고 설레는 목소리로 말했을 것입니다.

04 폴리네시아는 동물들이 말할 때 귀나 발, 꼬리 같은 몸짓도 사용한다고 알려 주고 있습니다. 따라서 ㉡의 뜻으로 알맞은 것은 (2)입니다.

05 돌리틀 선생은 동물을 사랑하는 성격입니다. 따라서 동물들을 훈련시켜 돈벌이로 삼았을 거라는 정국의 생각은 인물의 성격을 제대로 파악하지 못하고 뒷이야기를 짐작한 것입니다.

06 일이 일어난 차례에 따라 글의 내용을 요약해 봅니다.

| 어휘력 더하기 |

포함하는 말 소, 개, 말을 포함하는 말은 '가축'이고, 들쥐, 오소리, 호랑이를 포함하는 말은 '야생 동물'입니다.

합쳐진 말 '콧노래'는 '코'와 '노래', '머릿속'은 '머리'와 '속', '햇빛'은 '해'와 '빛'이 합쳐진 말입니다.

| 독해력 기르기 |

01 '말모이'는 주시경 선생님이 만들려고 했던 우리말 사전의 이름이므로, (2)는 알맞지 않습니다.

02 일제 강점기에 일본은 우리말 사전을 만드는 것에 반대하여 조선어 학회 사람들을 탄압했으므로, ①은 틀린 내용입니다.

03 ㉠에서는 여러 지역의 교사와 학생들이 말을 모아 주었고, ㉡에서는 전국의 남녀노소가 말을 모아 주었다는 내용입니다. 따라서 전국에서 많은 사람이 말모이에 참여해서 우리말 사전을 만드는 데 도움을 주었다는 것을 알 수 있습니다.

04 이 글은 일제 강점기에 우리 말과 글이 사라질 상황에 놓이자, 우리나라 사람들이 힘을 모아 우리말을 지켜 냈다는 내용입니다. 따라서 말모이에 참여하여 우리말 사전을 만들려고 했던 당시 많은 사람의 행동을 위험하다는 이유로 어리석다고 평가한 진태의 감상은 알맞지 않습니다.

05 말모이 대작전이 벌어진 과정을 중심으로 글의 내용을 요약해 봅니다.

| 어휘력 더하기 |

뜻을 더하는 말 '대-'가 붙어 넓고 큰, 위대한 자연을 뜻하는 말은 '대자연', 식구 수가 많은 가족을 뜻하는 말은 '대가족', 기쁜 일이 있을 때 크게 벌이는 잔치를 뜻하는 말은 '대잔치'입니다.

한자 성어 '남자와 여자, 늙은이와 젊은이란 뜻으로, 모든 사람을 이르는 말.'을 뜻하는 한자 성어는 '남녀노소'이고, '한 군데도 빠짐이 없는 모든 곳.'을 뜻하는 한자 성어는 '방방곡곡'입니다.

5일 발표 울렁증을 없애고 싶어
71-73쪽

어휘 알기

조사, 울렁증, 연설가

독해력 기르기

01 ④　　02 (2) ○

03 ㉮

04 (2) ○

05 나은

06 ① 발표 ② 마음가짐 ③ 태도

어휘력 더하기

뜻이 비슷한 말 (1) 자랑하다 (2) 질문하다 (3) 치우다

합쳐진 말 소용(없다), 어이(없다), 끊임(없다)

| 독해력 기르기 |

01 이 글은 발표를 잘하는 방법을 조사하여 쓴 일기입니다.

02 글쓴이는 발표 울렁증 때문에 실수하기 싫어서 인터넷으로 발표를 잘하는 방법을 조사한 것입니다.

03 이 글에서 발표를 잘하는 방법으로 화려한 옷을 입는다는 내용은 언급하지 않았습니다.

04 ㉡에서 말한 발표 태도는 허리와 가슴은 쭉 펴고, 다리를 어깨만큼 벌린 채 안정적으로 발표를 하는 것입니다. 따라서 ㉡의 태도로 발표하는 모습은 (2)입니다.

05 일기는 날마다 그날그날 겪은 일이나 생각을 적은 글입니다. 따라서 실제로 겪은 일은 아니지만 감동적이었다는 나은이의 감상은 알맞지 않습니다.

06 발표를 잘하는 방법을 조사한 내용을 중심으로 글의 내용을 요약해 봅니다.

| 어휘력 더하기 |

뜻이 비슷한 말 (1) '뛰어나다', '빼어나다', '훌륭하다'는 두드러지게 훌륭하다는 뜻이고, (2) '이야기하다', '말하다', '대화하다'는 말을 주고받는다는 뜻이고, (3) '노력하다', '애쓰다', '힘쓰다'는 무언가를 이루기 위해 힘쓴다는 뜻입니다.

합쳐진 말 '소용', '어이', '끊임'과 '없다'가 합쳐져 만들어진 말은 '소용없다', '어이없다', '끊임없다'입니다.

1일 프로메테우스의 불
77-79쪽

어휘 알기

맹수, 생명체, 제우스

독해력 기르기

01 (1)-(나) (2)-(가)

02 (2) ○

03 (1) ○ (2) ○ (3) × (4) ○

04 (1) ○　　05 (2) ○

06 ① 프로메테우스 ② 불씨 ③ 간

어휘력 더하기

모양이 같은 말 (1)-(다) (2)-(가) (3)-(나)

준말 (1) 넘겨줬다 (2) 나눠 (3) 건네줬다

| 독해력 기르기 |

01 프로메테우스는 인간과 동물을 만들었고, 에피메테우스는 동물에게만 특별한 능력을 모두 나누어 주었습니다.

02 프로메테우스는 인간도 자신을 보호할 것이 꼭 필요하다고 생각해서 제우스의 불씨를 훔쳐 인간들에게 건네주었습니다.

03 힘센 팔과 다리를 갖게 된 것은 불을 얻어 생긴 변화와 전혀 상관이 없습니다.

04 프로메테우스는 제우스에게 벌을 받았다고 했으므로, 간을 쪼아 먹히는 고통을 매일매일 당할 것이라고 짐작한 내용이 알맞습니다.

05 프로메테우스가 전해 준 불씨를 이용하여 인간들은 맹수를 물리치고 도구도 만들며 땅에서 가장 강하게 되었습니다. 따라서 인간들이 사용하지도 못하는 불을 전해 준 프로메테우스가 어리석다고 한 (1)은 알맞지 않습니다.

06 일이 일어난 차례에 따라 글의 내용을 요약해 봅니다.

| 어휘력 더하기 |

모양이 같은 말 (1)의 '벌'은 죄나 잘못을 저지른 사람에게 주는 괴로운 일을 뜻하고, (2)의 '벌'은 꽃에서 꿀과 꽃가루를 모으는 곤충을 뜻하고, (3)의 '벌'은 옷을 세는 단위를 뜻합니다.

준말 모음과 모음이 만나면 하나의 모음으로 줄여 쓰기도 합니다. '넘겨주었다'는 '넘겨줬다'로, '나누어'는 '나눠'로, '건네주었다'는 '건네줬다'로 줄여서 씁니다.

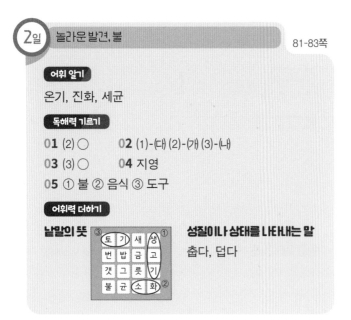

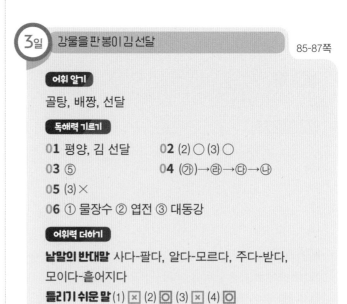

| 독해력 기르기 |

01 이 글은 불의 발견에 대해 설명하는 글입니다. 설명하는 글은 어떤 지식이나 정보를 전달하는 글이므로 (2)가 알맞습니다.

02 불을 사용하기 전에는 따뜻한 지역에서만 살았지만, 불을 사용하면서 전 세계 곳곳으로 퍼져 나가 살게 되었습니다. 불이 없을 때는 생고기를 먹어야 했지만 불을 얻은 뒤 음식을 익혀 먹어 영양 상태가 좋아졌습니다. 또 불이 없을 때는 돌이나 나무 등의 자연물로 도구를 만들어 썼는데, 불을 이용하면서 금속으로 다양한 도구를 만들게 되었습니다.

03 🅓 문단은 불을 이용해 토기를 만들고, 금속으로 여러 도구를 만들었다는 내용입니다. 따라서 (1)과 (2)는 사진 자료로 알맞지만, (3)의 고인돌(넓적한 돌을 덮어 놓은 선사 시대의 무덤.)은 글의 내용과 맞지 않는 사진입니다.

04 ㉠은 불을 이용하면서 인간이 여러 발전을 했다는 뜻입니다. 따라서 인간이 중요한 일이 있을 때마다 불을 신으로 섬겼다는 지영이는 ㉠을 바르게 이해하지 못하고 말한 것입니다.

05 글의 내용을 처음, 가운데, 끝의 세 부분으로 요약해 봅니다.

| 어휘력 더하기 |

낱말의 뜻 생고기, 소화, 토기의 뜻을 익혀 봅니다.

성질이나 상태를 나타내는 말 온도가 낮아서 날씨가 찰 때는 '춥다'를 쓰고, 온도가 보통 이상으로 높을 때는 '덥다'를 씁니다. 주어진 표에서 온도가 가장 낮은 쪽에는 '춥다'를 쓰고, 온도가 가장 높은 쪽에는 '덥다'를 씁니다.

| 독해력 기르기 |

01 이 글은 평양에 사는 봉이 김 선달이 벌이는 사건을 중심으로 이야기가 전개됩니다.

02 김 선달은 한양의 장사꾼들이 평양에 와서 싸구려 물건을 비싸게 팔려고 한다는 것을 알게 됩니다. 평양 사람들을 우습게 보고 하는 행동이라고 생각해서 한양의 장사꾼들을 골탕 먹이려고 마음먹습니다.

03 한양의 장사꾼들은 대동강으로 떼돈을 벌 수 있을 거라는 욕심에 대동강을 돈을 주고 사는 어리석은 행동을 합니다.

04 김 선달은 물장수들에게 엽전을 나눠 주고, 물을 길어 갈 때마다 김 선달에게 엽전을 내게 합니다. 한양의 장사꾼들은 대동강이 김 선달 것이라는 착각을 해서 김 선달에게 대동강을 삽니다.

05 한양의 장사꾼들은 평양 사람을 우습게 여기다가 김 선달에게 골탕을 먹게 됩니다. 게다가 한양의 장사꾼들은 눈앞의 이익에 눈이 멀어 대동강을 비싸게 사는 어리석은 판단을 합니다. 따라서 이 글의 교훈으로 알맞은 것은 (1)과 (2)입니다.

06 김 선달이 한 일을 중심으로 글의 내용을 요약해 봅니다.

| 어휘력 더하기 |

낱말의 반대말 '사다'와 '팔다', '알다'와 '모르다', '주다'와 '받다', '모이다'와 '흩어지다'는 서로 뜻이 반대되는 말입니다.

틀리기 쉬운 말 '웬'은 '어찌 된', '어떠한'의 뜻을 가지고 있습니다. 이것이 어찌 된 일이냐고 물을 때는 '웬'을 쓰므로, (1)과 (3)의 '왠'은 '웬'으로 고쳐 써야 합니다.

어휘 알기

제품, 판매, 소비

독해력 기르기

01 물 발자국
02 (4) ×　　03 (1) ○ (2) × (3) ○
04 하진　　05 (1) ○ (2) ○
06 ① 물 ② 물 발자국 ③ 절약

어휘력 더하기

단위를 나타내는 말 판, 잔, 대
올바른 표기 자장면-짜장면, 소고기-쇠고기, 맨날-만날,
봉숭아-봉선화

| 독해력 기르기 |

01 이 글은 물 발자국에 대해 설명하는 글입니다.

02 이 글에서 물 발자국을 만든 사람에 대한 내용은 언급되지 않았습니다.

03 물 발자국의 크기가 클수록 사용한 물의 양은 많습니다. 따라서 (2)는 틀린 내용입니다.

04 표를 보면 피자는 1,259리터, 햄버거는 2,400리터로 물 발자국이 높은 편입니다. 따라서 피자와 햄버거 같은 패스트푸드의 물 발자국이 매우 낮다고 한 하진이가 표를 잘못 이해했습니다.

05 물 발자국이 큰 음식과 물건은 절대로 소비하지 않겠다는 (3)의 내용은 현실적이지 않은 실천 내용으로, 물 발자국의 크기를 따져 가며 물을 현명하게 절약하자는 글쓴이의 의견과 맞지 않는 내용입니다.

06 물 발자국의 개념과 필요성을 중심으로 글의 내용을 요약해 봅니다.

| 어휘력 더하기 |

단위를 나타내는 말 피자를 셀 때는 '판', 컵에 든 음료를 셀 때는 '잔', 자동차를 셀 때는 '대'를 씁니다.

올바른 표기 같은 뜻을 나타내는 표준어가 두 개 이상인 경우를 '복수 표준어'라고 합니다. '자장면'과 '짜장면', '소고기'와 '쇠고기', '맨날'과 '만날', '봉숭아'와 '봉선화'는 모두 복수 표준어입니다.

어휘 알기

얼음, 부피, 표시하다

독해력 기르기

01 물　　02 ⑤
03 ⓓ
04 (2) ○
05 (2) ○
06 ① 물 ② 무게 ③ 부피

어휘력 더하기

이름을 나타내는 말 (1) 액체 (2) 고체 (3) 기체
낱말의 뜻 (1) 찬 (2) 무게 (3) 바뀌다

| 독해력 기르기 |

01 이 실험의 목적은 물이 얼 때 무게와 부피에 어떤 변화가 있는지 살펴보기 위해서입니다.

02 실험 보고서는 실험 과정과 결과를 중심으로 쓰는 글입니다. 친구들과 토론한 내용은 실험 보고서에 쓰지 않으므로, ⑤는 틀린 내용입니다.

03 실험 결과 물이 얼기 전과 언 뒤의 무게는 15그램으로 똑같고, 물이 얼기 전보다 물이 언 뒤 시험관 속 내용물의 높이가 더 높아졌습니다. 실험 결과를 통해 물이 얼면서 무게는 변하지 않지만, 부피는 늘어난다는 것을 알 수 있습니다.

04 물이 얼면서 물을 이루고 있는 알갱이들의 간격이 벌어지기 때문에 얼음이 되면 부피가 커집니다.

05 생수병을 냉동실에 넣고 얼리면 부피가 커져서 생수병이 통통하게 부풀어 오릅니다. 따라서 물이 얼어 부피가 늘어난 예로 알맞은 것은 (2)입니다.

06 실험 과정과 결과를 중심으로 글의 내용을 요약해 봅니다.

| 어휘력 더하기 |

이름을 나타내는 말 '액체', '고체', '기체'의 정확한 뜻을 익혀 봅니다.
낱말의 뜻 (1) '얼다'는 물기가 있는 것이 찬 기운에 딱딱하게 굳는다는 뜻이고, (2) '재다'는 자, 저울 같은 것으로 길이, 무게 등을 알아본다는 뜻이고, (3) '변하다'는 성질, 모습 들이 바뀐다는 뜻입니다.

메모